Blick und Einsicht

Introductory German Readings

Blick und Einsicht

Introductory German Readings

Wolff A. von Schmidt / University of Utah
with
Heribert Hinrichs

D. Van Nostrand Company

NEW YORK · CINCINNATI · TORONTO · LONDON · MELBOURNE

D. Van Nostrand Company Regional Offices:
New York   Cincinnati

D. Van Nostrand Company International Offices:
London   Toronto   Melbourne

Library of Congress Catalog Card Number: 78-65002
ISBN: 0-442-27396-7

Published by D. Van Nostrand Company
135 West 50th Street, New York, N.Y. 10020

10 9 8 7 6 5 4 3 2

Preface

BLICK UND EINSICHT, INTRODUCTORY GERMAN READINGS is intended to fill a gap in the beginning/intermediate course sequence. Carefully structured for early building of reading skill, the book introduces students to contemporary cultural/social topics about four German-speaking countries: East Germany, West Germany, Austria, Switzerland.

Each of the eighteen chapters focuses on one paricular theme of contemporary interest. The last eight chapters feature materials from newspapers and other publications widely read in the countries represented.

The first ten chapters review important grammatical constructions. The authors have assumed that students are acquainted with certain basic forms and structures normally learned in the first half of a beginning course: cases, articles, personal and possessive pronouns, the present and past tenses. BLICK UND EINSICHT will, therefore, be appropriate for students who have completed a semester or quarter of German, as well as for more rapid and intensive use in third-quarter or intermediate-level courses.

All chapters have oral and written exercises recycling previously used vocabulary and reinforcing the structural materials in the first ten chapters.

The book is designed to give instructors flexibility as to the time in which it can be completed. It is possible to complete the materials in one semester by covering the first ten chapters in the first ten weeks and the last eight chapters in the remaining time. In one-quarter courses, instructors may choose to assign those chapters among the last eight that are of particular interest to their students and omit others.

We would like to thank the newspaper and magazine publishers who graciously permitted us to reprint the reading selections in this book. We also acknowledge the help of Carole B. von Schmidt, consultant for English language and pedagogy. Finally, we express our appreciation to the many students of German at the University of Utah who made it possible for us to experiment with and test the materials.

W.A.v.S.
H.H.

Inhalt

Blick und Einsicht

Introductory German Readings

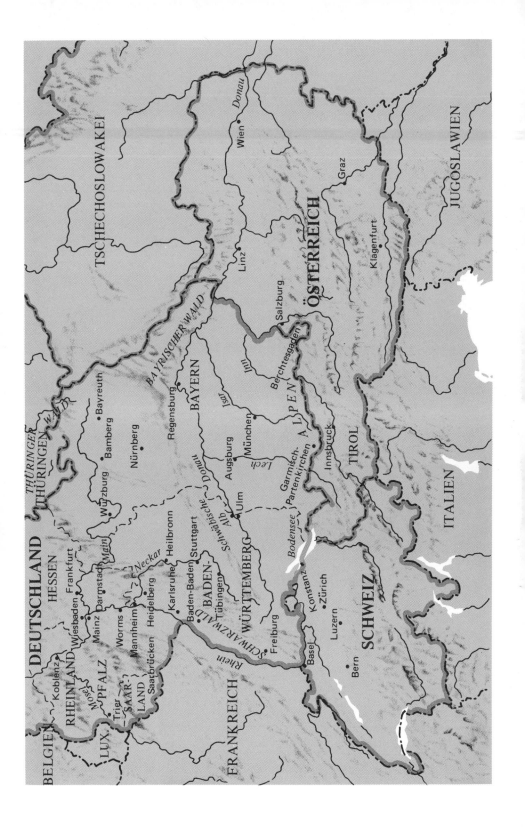

1 Wo spricht man Deutsch?

Deutsch spricht man in vier verschiedenen Ländern: in der Bundesrepublik Deutschland (BRD), in der Deutschen Demokratischen
Republik (DDR), in Österreich und in der Schweiz[a]. Diese Länder
haben gemeinsame Grenzen und liegen in Mitteleuropa[1].

Die BRD ist mit circa zweihundertneunundvierzigtausend Qua-   5
dratkilometern[b] (ca. 249 000 qkm) ungefähr so groß wie der amerikanische Bundesstaat[2] Oregon und hat eine Bevölkerung von über
sechzig Millionen (60 Mill.). Sie hat elf Bundesländer[3], einige davon
sind Stadtstaaten[4] wie zum Beispiel (z.b.) West-Berlin und Hamburg.
Außer West-Berlin und Hamburg ist München[5] die einzige Stadt mit   10
einer Einwohnerzahl[6] von über einer Million. Die Hauptstadt der BRD
ist Bonn und ihre Währung[7] ist die Deutsch-Mark (DM) mit je hundert
(100) Pfennig.

Die DDR, ein sozialistischer Staat, ist mit ca. einhundertachttausend
(108 000) qkm ungefähr so groß wie der amerikanische Bundesstaat   15
Ohio und hat eine Bevölkerung von ungefähr siebzehn (17) Mill. Die
Hauptstadt der DDR ist Ost-Berlin, die einzige Stadt mit einer Ein-
wohnerzahl von über einer Million. Andere wichtige Städte sind z.B.
Leipzig und Dresden. Die Währung der DDR ist die Mark (M) mit je 100
Pfennig.   20

Österreich mit ca. vierundachtzigtausend (84 000) qkm ist ungefähr
so groß wie der amerikanische Bundesstaat Maine und hat eine
Bevölkerung von über 7,5[c] Mill. Österreich hat neun Bundesländer, und
die Hauptstadt ist Wien[8]. Nur die Stadt Wien hat eine Einwohnerzahl
von über einer Million; solche berühmten Städte wie z.B. Salzburg und   25
Innsbruck haben je eine Einwohnerzahl von unter einhundert-
fünfzigtausend (150000). Die österreichische Währung ist der Schilling
(S) mit je 100 Groschen.

---

1. Central Europe.   2. (federal) state.   3. states.   4. city states.   5. Munich.   6.
population.   7. currency.   8. Vienna.

1

Deutsch spricht man...

... in der Bundesrepublik Deutschland

... in der Schweiz

... in der Deutschen Demokratischen Republik

... in Österreich

Das vierte dieser Länder ist die Schweiz. Dort spricht man drei
bedeutende Sprachen: Deutsch, Französisch und Italienisch. Die   30
Schweiz mit ca. einundvierzigtausend (41 000) qkm ist relativ klein, das
heißt (d.h.) ungefähr halb so groß wie Österreich, und hat eine
Bevölkerung von beinah 6,5 Mill. In der Schweiz kennt man keine
Bundesländer, sondern man spricht von Kantonen[9]. Die Schweiz hat
dreiundzwanzig (23) Kantone und ihre Hauptstadt ist Bern. Andere   35
wichtige und berühmte Städte sind Zürich, Basel und Genf[10]. Die
Währung der Schweiz ist der Franken (sfr) mit je 100 Rappen.

Diese vier europäischen Länder verfolgen nicht immer dieselben
politischen Interessen, aber man spricht dort Deutsch als eine
gemeinsame Sprache. Sie sind alle von außerordentlicher Bedeutung   40
auf dem kulturellen und wirtschaftlichen Gebiet. Unter den ersten
zwanzig Exportländern[11] der Welt liegen die BRD an dritter Stelle, die
Schweiz an zwölfter, die DDR an vierzehnter und Österreich an
zwanzigster Stelle.

Bemerkungen

   a. **Bundesrepublik Deutschland (BRD)** is the official German designation for
the Federal Republic of Germany (West Germany). **Deutsche Demokra-
tische Republik (DDR)** is the official German designation for the German
Democratic Republic (East Germany).
   b. One mile is approximately 1.6 kilometers.
   c. Read: **sieben-Komma-fünf.**

Wichtige Redewendungen und Konstruktionen

man spricht Deutsch	*German is spoken*
circa (ca.)	*circa (c.), about*
so . . . wie	*as . . . as*
zum Beispiel (z.B.)	*for example*
das heißt (d.h.)	*that means*

Fragen

   1. Wo spricht man Deutsch?
   2. Was haben diese Länder außer der Sprache gemeinsam?
   3. Wo liegen diese Länder?
   4. Welcher amerikanische Bundesstaat ist ungefähr so groß wie die
BRD?
   5. Wieviele Einwohner (*inhabitants*) hat die BRD?
   6. An welcher Stelle der wichtigen Exportländer liegt die BRD?

---

9. cantons.   10. Geneva.   11. export countries.

7. Wieviele Einwohner hat die DDR?
8. Welches ist die Währung der DDR?
9. Wieviel Pfennig hat die Mark?
10. Wieviele Bundesländer hat Österreich?
11. Was ist die Hauptstadt von Österreich?
12. Welche anderen berühmten Städte in Österreich kennen Sie?
13. Welche wichtigen Sprachen spricht man in der Schweiz?
14. Vergleichen (*compare*) Sie die Schweiz mit Österreich! Wie groß ist die Schweiz?
15. An welcher Stelle der ersten zwanzig Exportländer der Welt liegt die Schweiz?

GRAMMATIKALISCHE ERKLÄRUNGEN

1. Endings of Attributive Adjectives

a. Attributive adjectives always take endings. These have to agree with the number, gender, and case of the noun qualified by the adjective.[1]

There are weak adjective endings and strong adjective endings.

WEAK ADJECTIVE ENDINGS

	MASC.	FEM.	NEUT.	PL.
NOM.	-e	-e	-e	-en
ACC.	-en	-e	-e	-en
DAT.	-en	-en	-en	-en
GEN.	-en	-en	-en	-en

Note that there are only two weak endings: **-en** and **-e**.

STRONG ADJECTIVE ENDINGS

	MASC.	FEM.	NEUT.	PL.
NOM.	-er	-e	-es	-e
ACC.	-en	-e	-es	-e
DAT.	-em	-er	-em	-en
GEN.	-en	-er	-en	-er

Note that the strong endings are the same as the endings of **der**-words, except for the genitive masculine and genitive neuter forms .

---

1. If the basic form of an adjective ends in **-el** or **-er**, the **-e-** of the stem is dropped when the adjective takes an ending: **teuer** (*expensive*), but: **ein teures Land**.

b. The following basic rules determine whether a weak ending or a strong ending is required:

1. If there is a definite article or another **der**-word, the following attributive adjectives *always* take weak endings:

   Ich kenne das wichtige Land.
   Dieser bedeutende sozialistische Staat liegt in Europa.

2. If there is an indefinite article or another **ein**-word, there are two possibilities:

   First, if the **ein**-word has an ending, the following attributive adjectives take weak endings:

   Diese Länder sind von einer außerordentlichen Bedeutung.
   Die DDR und die BRD haben oft keine gemeinsamen politischen Interessen.

   Second, if the **ein**-word does not have an ending (in the nominative masculine singular and in the nominative and accusative neuter singular), the following attributive adjectives take strong endings:

   Ich kenne ein wichtiges Land in Europa.
   Die DDR ist ein wichtiger, sozialistischer Staat.

3. If there is no **der**-word or **ein**-word, attributive adjectives *always* take strong endings:

   Wichtige Länder in Europa sind die Schweiz und Österreich.
   Die DDR und die BRD haben nicht immer gemeinsame politische Interessen.

c. Attributive adjectives following **alle** take weak endings:

Ich kenne alle wichtigen Städte in Österreich.

d. Attributive adjectives preceded only by a cardinal number and not by a **der**-word or **ein**-word take strong endings:

Zwei bedeutende Länder in Europa sind die DDR und die BRD.
BUT: Diese vier europäischen Länder haben gemeinsame Grenzen.

As an exception, attributive adjectives following the number "one" take either weak or strong endings, as **eins** uses the forms of the indefinite article **ein:**

Ich kenne nur ein wichtiges Land.
Ich war nur in einem wichtigen Land in Europa.

e. Predicate adjectives and adverbs do not take endings:

Dieses Land ist **wichtig.**
Sie sprechen **schnell** (*fast*).

ANWENDUNG

Fügen Sie die richtige Adjektivendung ein (Insert the correct adjective ending):

1. Diese wichtig— Länder liegen in Europa.
2. Ost-Berlin ist die Hauptstadt eines sozialistisch— Staates.
3. Die Schweiz ist ein bedeutend— Staat in Europa.
4. Die vier Länder haben gemeinsam— Grenzen.
5. Sie kennt alle europäisch— Länder.
6. Leipzig und Dresden sind zwei berühmt— Städte in der DDR.
7. Diese drei wichtig— Sprachen spricht man in der Schweiz.
8. Ich spreche nur eine europäisch— Sprache.
9. Die Stadt Wien ist bedeutend— .

2. Ordinal Numbers

With three exceptions the ordinal numbers from 1 to 19 are formed by adding **-t** to the cardinal number:

zweit-   *second*   **sieb(en)t-**   *seventh*

The three exceptions are:

erst- *first*   **dritt-** *third*   **acht-** *eighth*

From 20 upwards, **-st** is added to the cardinal number:

zwanzigst-   *twentieth*   **tausendst-**   *thousandth*

Ordinal numbers take the same endings as attributive adjectives:

Die BRD liegt an dritt**er** Stelle der erst**en** zwanzig Exportländer der Welt.

ANWENDUNG

Fügen Sie die angegebene Ordinalzahl mit der richtigen Adjektivendung ein (Insert the given ordinal number with the correct adjective ending):

1. Österreich ist das ———— (3rd) und die Schweiz das ————
   (4th) dieser Länder.
2. Österreich liegt an ———— (20th) Stelle.

ÜBUNGEN

A. *Fügen Sie die richtige Form des Wortes in der Klammer ein (Insert the appropriate form of the given word in parentheses):*

1. Man spricht in vier ———— Ländern Europas Deutsch.
   (verschieden)

2. Ich kenne alle _____ Städte in der Schweiz. (wichtig)
3. Die _____ Hauptstadt ist Wien. (österreichisch)
4. Zürich ist eine _____ Stadt in der Schweiz. (bedeutend)
5. Die DDR ist ein _____ Staat. (sozialistisch)
6. Die vier _____ Länder haben _____ Grenzen. (verschieden/
   gemeinsam)
7. Die anderen _____ Städte in Österreich kenne ich nicht.
   (berühmt)
8. Leipzig ist eine _____ Stadt in einem _____ Staat Europas.
   (bedeutend/sozialistisch)
9. Kennen Sie die Hauptstädte aller _____ Länder? (europäisch)
10. Die Schweiz ist das andere _____ Land. (wichtig)
11. Die BRD und die DDR haben oft _____ _____ Interessen.
    (verschieden/politisch)
12. Die _____ Bedeutung dieser vier _____ Länder ist _____.
    (kulturell/europäisch/groß)
13. Sie waren nur in _____ _____ Bundesstaat. (eins/ameri-
    kanisch)
14. Er spricht einige _____ Sprachen. (europäisch)
15. Die Schweiz ist das _____ _____ Land. (viert-/wichtig)

B. *Formen Sie Sätze aus den gegebenen Satzelementen (Construct sen-
   tences using the given cues):*

1. Englisch / sein / eine / wichtig / Sprache / in / die / Welt
2. In / Österreich / liegen / die / berühmt / Stadt / Salzburg
3. An / dritt- / Stelle / das / erst- / zwanzig / Exportland / die / Welt
   / liegen / die / BRD
4. Ein / sozialistisch / Staat / in / Europa / sein / die / DDR
5. Die / deutsch / Sprache / sprechen / man / nicht / nur / in / ein /
   einzig / Land
6. In / die / relativ / klein / Schweiz / sprechen / man / verschieden
   / Sprache
7. Oregon / sein / kein / europäisch / Staat / sondern / ein / amerikanisch / Bundesstaat
8. Das / vier / europäisch / Land / sein / von / außerordentlich /
   wirtschaftlich / Bedeutung
9. Jeder / fünft- / Einwohner / die / relativ / klein / Schweiz / sprechen
   / die / französisch [French] / Sprache
10. Die / englisch / Sprache / sein / wichtig
11. Nur / in / eins / europäisch / Land / sprechen / man / drei / wichtig
    / Sprache
12. Der / amerikanisch / Bundesstaat / Maine / sein / relativ / klein
13. Ich / kennen / nur / eins / europäisch / Land

14. Von / dieses / vier / Land / sein / die / DDR / das / einzig /
    sozialistisch / Land
15. Heute (today) / sein / der /   / Tag (day) / der /   / Monat
    (month) / das / Jahr (year) /

C. *Übersetzen Sie ins Englische (Translate into English):*

1. In der BRD spricht man Deutsch.
2. Die Schweiz ist ungefähr halb so groß wie der amerikanische
   Bundesstaat Maine.
3. Die Schweiz hat beinah 6,5 Mill. Einwohner.
4. Ost-Berlin ist die einzige Stadt in der DDR mit über einer Million
   Einwohner.
5. Innsbruck hat unter 150 000 Einwohner.

D. *Sagen Sie auf deutsch (Express in German):*

1. East Germany has a population of c. 17 million.
2. German is spoken in different countries, for example, in Austria.
3. Switzerland is relatively small, that means, about half as large as the
   American state of Maine.
4. West Germany is as large as Oregon.
5. These countries do not necessarily have the same political interests.

GESPRÄCHSTHEMEN

1. Welche Sprachen sprechen Sie?
2. Wo spricht man Englisch? Französisch? Italienisch?
3. Kennen Sie andere wichtige Sprachen?
4. Waren Sie schon einmal in der BRD, in der DDR, in Österreich oder
   in der Schweiz? Wo?
5. Welche Städte in den vier Ländern kennen Sie?

KLEINE AUFSATZTHEMEN

1. Vergleichen Sie die vier Länder!
2. Ist die deutsche Sprache wichtig?
3. Eine Reise (trip) in der BRD, der DDR, Österreich und der Schweiz.

VOKABULAR

amerikanisch American (*adj.*)
die **Anwendung, -en** application
das **Aufsatzthema, Aufsatzthemen**
  composition topic

außerordentlich extraordinary
bedeutend significant
die **Bedeutung, -en** significance
beinah almost

das **Beispiel, -e** example
die **Bemerkung, -en** note, comment
berühmt famous
die **Bevölkerung** population
davon of that
deutsch German (*adj.*)
(das) **Deutsch** German (*German language*)
(das) **Deutschland** Germany
der **Einwohner, -** inhabitant
einzig single; only
englisch English (*adj.*)
(das) **Englisch** English (*English language*)
die **Erklärung, -en** explanation
(das) **Europa** Europe
europäisch European (*adj.*)
die **Frage, -n** question
französisch French (*adj.*)
(das) **Französisch** French (*French language*)
das **Gebiet, -e** area
gemeinsam common; joint
das **Gesprächsthema, Gesprächsthemen** conversation topic
grammatikalisch grammatical
die **Grenze, -n** border
der **Groschen, -** Austrian penny
groß large; great; big
halb half
die **Hauptstadt, -̈e** capital
heißen, hieß, geheißen to mean; to be called
heute today
das **Interesse, -n** interest
(das) **Italienisch** Italian (*Italian language*)
das **Jahr, -e** year

je each
das **Kapitel, -** chapter
kennen, kannte, gekannt to know
klein small; little
die **Konstruktion, -en** construction
kulturell cultural
das **Land, -̈er** country; state
liegen, lag, gelegen to lie
die **Million, -en** million
der **Monat, -e** month
(das) **Österreich** Austria
österreichisch Austrian (*adj.*)
der **Pfennig, -e** (German) penny
politisch political
der **Rappen, -** (Swiss) penny
die **Redewendung, -en** phrase
die **Reise, -n** trip
relativ relative
die **Schweiz** Switzerland
so ... wie as ... as
sozialistisch socialistic
die **Sprache, -n** language
sprechen, spricht, sprach, gesprochen to speak
der **Staat, -en** state
die **Stadt, -̈e** city
die **Stelle, -n** place
der **Tag, -e** day
der **Text, -e** text
die **Übung, -en** exercise
ungefähr approximate
verfolgen to pursue
vergleichen, verglich, verglichen to compare
verschieden different
die **Welt, -en** world
wichtig important
wirtschaftlich economic(al)

2 Fußball

Fußball erfreut[1] sich in Europa einer außerordentlichen Popularität. Das Spiel stellt einen Nationalsport dar, und die bekannten Spieler sind sicherlich für viele Fußballanhänger[2] Nationalhelden[3]. Jede Stadt und jedes Dorf haben einen Fußball-Verein[4] oder besitzen wenigstens einen Fußballplatz[5]. Fast jedes Kind verbringt seine Freizeit mit 5 Fußball. Kaum gibt es einen anderen Sport mit solchen fanatischen Anhängern.

Bei einem wichtigen Spiel, z.B. einem Länderspiel[6] wie die Schweiz gegen Österreich oder zwischen zwei berühmten Fußball-Vereinen wie HSV (Hamburger Sport Verein) gegen Rot-Weiß Essen[a], fahren 10 alle Anhänger mit Autos, Bussen und Zügen zu dem Spielort[7]. Dort versammeln sich Tausende[8] von Menschen in einem Fußballstadion. Natürlich sind nicht alle Anhänger bei dem Spiel anwesend, denn die Reise ist oft zu weit und zu teuer. Aber sie sitzen dann zu Hause vor dem Fernseher oder befinden sich nicht weit entfernt von einem Radio. 15

Warum all die Aufregung[9] und Spannung? Warum bleiben die fanatischen Anhänger für ein Fußballspiel von der Arbeit oder der Kirche weg? Nur ein wirklicher Fußballiebhaber[10] versteht das. Die Regeln für Fußball lassen sich wie folgt erklären: Zwei Mannschaften[11] von je elf Spielern versammeln sich auf einem Fußballplatz von ca. 105 20 Meter (m) Länge und ca. 70 m Breite[b]. An beiden Enden des Platzes befindet sich ein Tor. Jede Mannschaft besteht aus einem Torwächter[12], zwei Verteidigern[13], drei Läufern[14] und fünf Stürmern[15].

Ein Schiedsrichter[16] überwacht das Spiel, und mit seinem Pfiff[17] fängt der Kampf an. Beide Mannschaften kämpfen um einen runden 25 schwarzweißen Lederball[18]. Wer schießt die meisten Tore? Keiner der

---

1. enjoys. 2. soccer fans. 3. national heroes. 4. soccer club. 5. soccer field. 6. international match. 7. site of the match. 8. thousands. 9. excitement. 10. soccer devotee. 11. teams. 12. goal keeper. 13. backs. 14. halfbacks. 15. forwards. 16. referee. 17. whistle. 18. leather ball.

Spieler außer den zwei Torwächtern berührt den Ball mit den Händen.
Meistens schießt man das Leder mit dem Fuß oder stößt es mit dem
Kopf. Manchmal benutzt man auch den Körper. Bei einem Verstoß[19]
gegen die Regeln gibt es verschiedene Strafen: z.B. stellt ein Elf-   30
Meter-Schuß[20] eine sehr schwere Strafe und ein beinah sicheres Tor
für die gegnerische Mannschaft dar.
    Die aufgeregten[21] Zuschauer verfolgen gespannt die verschiedenen
Strategien[22] der einzelnen Spieler und Mannschaften. Alles schreit,
pfeift und läßt sich von den beiden gegnerischen Mannschaften un-   35
terhalten. Man stärkt[23] sich mit viel Bier und Würstchen mit Senf[24].
Nach zweimal fünfundvierzig Minuten ist das Spiel zu Ende. Die
Mannschaft mit den meisten Toren gewinnt. Natürlich verliert keiner
gern, hoffentlich gewinnt die andere Mannschaft das nächste Mal[25].
Nach dem Spiel fahren die Zuschauer entweder glücklich oder   40
unglücklich wieder nach Hause und freuen sich schon auf das nächste
Spiel.

Bemerkungen

a. Soccer clubs, particularly if they belong to the **Bundesliga** (*Federal
League*), are well known to many Germans, who frequently refer to them
by their proper names.

b. The dimensions of a soccer field are approximately 315 ft. by 210 ft.

Wichtige Redewendungen und Konstruktionen

es gibt	*there is, there are*
zu Hause (sein)	*(to be) at home*
nach Hause (gehen)	*(to go) home*
wie folgt	*as follows*
zu Ende sein	*to be over*
gern etwas tun	*to like to do something*
entweder ... oder	*either ... or*
das nächste Mal	*next time*

Fragen

1. Was stellt in Europa einen Nationalsport dar?
2. Wer sind Nationalhelden für viele Fußballanhänger?
3. Was gibt es in jeder Stadt und in jedem Dorf?
4. Welches ist z.B. ein berühmter Fußball-Verein in der BRD?

---

19. in case of a foul.   20. (eleven-meter) penalty kick.   21. excited.   22. strategies.   23.
refreshes.   24. mustard.   25. time.

5. Wie fahren die Anhänger bei einem wichtigen Spiel zum Spielort?
6. Wieviele Menschen versammeln sich in dem Fußballstadion?
7. Sind alle Anhänger bei jedem wichtigen Spiel anwesend? Warum nicht?
8. Wo sind die anderen Anhänger?
9. Wie groß ist ein Fußballplatz?
10. Wie viele Tore gibt es auf einem Fußballplatz?
11. Wo befinden sie sich?
12. Wer berührt den Ball mit den Händen?
13. Was machen (do) die anderen Spieler mit dem Ball?
14. Was machen die Zuschauer?
15. Wann ist das Spiel zu Ende?
16. Wer gewinnt ein Fußballspiel?
17. Wann gewinnt hoffentlich die andere Mannschaft?
18. Was machen die Zuschauer nach dem Spiel?

GRAMMATIKALISCHE ERKLÄRUNGEN

1. Inseparable and Separable Prefixes

Verbs may have inseparable or separable prefixes; the meaning of the compound verb is frequently different from that of the simple verb:

a. Inseparable Prefixes

Some inseparable prefixes are: **be-, emp-, ent-, er-, ge-, ver-,** and **zer-.** These are never separated from the verb. Inseparable prefixes are always unstressed:

sitzen	*sit*	**besitzen**	*possess*
finden	*find*	**empfinden**	*feel*
stehen	*stand*	**entstehen**	*originate*
kennen	*know*	**erkennen**	*recognize*
hören	*hear*	**gehören**	*belong to*
sprechen	*speak*	**versprechen**	*promise*
stören	*disturb*	**zerstören**	*destroy*

b. Separable Prefixes

Some parts of speech — prepositions, adverbs, and verbs — may be used as separable prefixes. In the present tense and past tense in main clauses, they are separated from the verb and placed at the end of the clause. Separable prefixes are always stressed:

Das Spiel **fängt** um 2 Uhr **an.**
The game begins at 2 o'clock.

Warum **blieben** sie von der Arbeit **weg?**
Why did they stay away from work?

Ich **lernte** den berühmten Fußballspieler **kennen**.
I got to know the famous soccer player.

In the vocabulary, all verbs with separable prefixes are listed as follows:
vor·stellen or **an·fangen, fängt, fing, angefangen**. Note that the dot is not part
of the spelling.

ANWENDUNG

Fügen Sie die richtige Form des angegebenen Verbs ein:

1. Jedes Dorf _____ einen Fußballplatz. (besitzen)
2. Die Spieler _____ sich auf dem Fußballplatz. (versammeln)
3. Der Spieler _____ vor dem Tor _____. (stehenbleiben)
4. Die fanatischen Zuschauer _____ von ihren Sitzen _____.
   (aufstehen)

2. Reflexive Pronouns and Verbs

a. The reflexive pronouns are:

| | SING. | | PL. |
	ACC.	DAT.	ACC. AND DAT.
1ST PERS.	mich	mir	uns
2ND PERS. FAMILIAR	dich	dir	euch
2ND PERS. FORMAL	sich	sich	sich
3RD PERS.	sich	sich	sich

Note that the forms of the 1st person and of the 2nd person familiar are the
same as the forms of the personal pronoun; all other forms are **sich**.

Reflexive pronouns usually follow the conjugated verb.

b. Many verbs may be used either as nonreflexive or reflexive verbs.[1] They are
used reflexively if the object of the verb stands for the same person or thing
as the subject:

Ich sehe sie.
I see them.

BUT: **Sie** sehen **sich**.
They see themselves.

Das Spiel erfreut die Zuschauer.
The game pleases the spectators.

---

1. Verbs that are used more often as reflexive verbs than as nonreflexive verbs are listed
in the vocabulary as **(sich) erfreuen**.

BUT: **Fußball** erfreut **sich** einer großen Popularität.
Soccer enjoys a great popularity.

c. Some verbs are always reflexive.

Es **ereignete sich** nicht viel auf dem Platz.
Nothing much happened in the field.

Note that these verbs are listed in the vocabulary as **sich ereignen**.

d. The case of the reflexive pronoun is determined by the verb:

1. The reflexive pronoun is usually in the accusative case; if, however, there is another direct object in the clause, the reflexive pronoun is in the dative case:

Ich wasche **mich**. *I wash myself.*
BUT: Ich wasche **mir** die Hände. *I wash my hands.*

2. With some verbs, the reflexive pronoun is always in the dative case:

Ich helfe **mir**. *I help myself.*
Ich überlege **mir** eine Strategie. *I ponder over a strategy.*

Note that these verbs are listed in the vocabulary as **sich überlegen** (+ *dat.*).

3. With few verbs, the reflexive pronoun may be either in the accusative case or in the dative case. The change in the case indicates a change in meaning:

Ich stelle **mich** vor.
I introduce myself.
Ich stelle **mir** vor, wir gewinnen das Spiel.
I imagine we win the game.

e. In the plural, the reflexive pronoun may have the meaning "each other":

Wir verstehen **uns**. *We understand ourselves.*
We understand each other.

f. Reflexive constructions (esp. **sich lassen** + infinitive) are sometimes used to indicate that the action is not carried out by the subject:

Die Tür öffnet **sich**.
The door is opened.
Die Zuschauer **lassen sich unterhalten**.
The spectators are being entertained.

ANWENDUNG

Fügen Sie die richtige Form des angegebenen Verbs ein:

1. Die Zuschauer _____ _____ im Stadion. (sich befinden)

2. Ich _____ _____auf das Spiel. (sich freuen)
3. _____ du _____ das Spiel _____ ? (sich ansehen)
4. Das Spiel _____ _____ nicht gewinnen. (sich lassen)

ÜBUNGEN

A. Fügen Sie die richtige Form des Verbs in der Klammer für die kursiv
   gedruckten Satzelemente ein (Substitute the appropriate form of the
   verb in parentheses for the italicized sentence elements):

   1. Alle Spieler *sind* auf dem Fußballplatz. (sich befinden)
   2. Das Spiel *war zu Ende.* (anfangen)
   3. Die Zuschauer *verfolgen* gespannt das Spiel. (sich ansehen [*watch*])
   4. Jede Mannschaft *hat* elf Spieler. (bestehen aus)
   5. Die Zuschauer *stehen* [*stand*] im Stadion. (sich hinsetzen [*sit down*])
   6. Der Schiedsrichter *sieht* [*see*] das Spiel. (überwachen)
   7. Handball *ist* nicht wie Fußball ein Nationalsport in der BRD.
      (darstellen)
   8. Der Ball *ist* im Tor. (sich befinden)
   9. Dort *findet* [*find*] ihn der Torwart. (verlieren)
   10. Der Torwart *sitzt* im Tor. (stehenbleiben [*remain standing*])
   11. Die Zuschauer *sprechen* viel. (sich unterhalten [*converse*])
   12. Der Spieler *stößt* den Ball mit dem Kopf. (berühren)
   13. Die Zuschauer *sitzen* im Stadion. (aufstehen [*get up*])
   14. Einige *sind unglücklich.* (sich freuen)
   15. Sie *gehen* [*go*] nach Hause. (zurückfahren)
   16. Ich *erkenne* [*recognize*] den berühmten Fußballspieler.
       (kennenlernen [*get to know*])

B. Formen Sie Sätze aus den gegebenen Satzelementen:

   1. Nicht / jeder / Einwohner / die / BRD / besitzen / ein / Fernseher
   2. Der / fanatisch / Zuschauer [*pl.*] / wegbleiben / von / die / Arbeit
   3. Der / Spieler / sich erklären lassen / die / Strategie
   4. Nicht / alle / Zuschauer / sich kennen
   5. Er / sprechen / nicht / mit / ich / sondern / er / fernsehen [*watch TV*]
      / immer / nur
   6. Nach / das / Spiel / zurückfahren / alle / nach / Hause
   7. Ich / sich / ansehen / das / Spiel / in / der / Fernseher
   8. Die / gegnerisch / Mannschaft / sich versammeln / auf / der /
      Fußballplatz
   9. Das / Spiel / anfangen / mit / der / Pfiff / der / Schiedsrichter
   10. Alle / Spieler / verfolgen / der / rund / schwarz-weiß / Ball
   11. Ein / Spieler / die / gegnerisch / Mannschaft / versuchen / eine /
       ander- / Strategie
   12. Der / Schiedsrichter / erklären / der / Spieler / eine / wichtig / Regel

13. Ich / sich überlegen [ponder] / die / Strategie / der / Spieler [sing.]
14. Ich / sich vorstellen [imagine] / die / Mannschaft / verlieren / das / Spiel
15. Aber / ich / verstehen / nicht / viel / von / Fußball
16. Mein / Freizeit / verbringen / ich / anders
17. Ich / sich vorstellen [introduce] / der / berühmt / Fußballspieler

C. *Übersetzen Sie ins Englische:*

1. Die Zuschauer lassen sich von dem Spiel unterhalten.
2. Ich gehe nach Hause.
3. Es gibt nur einen Nationalsport in Deutschland.
4. Die andere Mannschaft gewinnt sicherlich das nächste Mal.
5. Hoffentlich fängt das Spiel an.
6. Ich überlege mir die Frage.

D. *Sagen Sie auf deutsch:*

1. There are eleven players on each team.
2. The game is over.
3. The rules for the game are as follows.
4. I am almost always at home.
5. I understand hardly anything about football.
6. We refresh ourselves with beer.
7. I like to play soccer.

GESPRÄCHSTHEMEN

1. Wie finden Sie den europäischen Nationalsport?
2. Kennen Sie einen anderen berühmten Sport?
3. Was ist der amerikanische Nationalsport?

KLEINE AUFSATZTHEMEN

1. Vergleichen Sie Fußball mit dem amerikanischen Spiel *football!*
2. Ist Fußball in Amerika bekannt?

VOKABULAR

an·fangen, fängt, fing, angefangen to begin
(sich) an·sehen, sieht, sah, ange·sehen to watch
anwesend (sein) (to be) present
die **Arbeit, -en** work

auf·stehen, stand, ist aufgestanden to get up
das **Auto, -s** car
der **Ball, ⁻e** ball
sich befinden, befand, befunden to be located

bekannt   known
benutzen   to use
berühren   to touch
besitzen, besaß, besessen   to possess
bestehen, bestand, bestanden   to consist of
das Bier, -e   beer
der Bus, -se   bus
dar·stellen   to represent
das Dorf, ¨er   village
einzeln   individual
das Ende, -n   end
entfernt   apart
entweder ... oder   either ... or
erkennen, erkannte, erkannt   to perceive, recognize
erklären   to explain
fahren, fährt, fuhr, ist gefahren   to drive, travel
fast   almost
fern·sehen, sieht, sah, ferngesehen   to watch TV
der Fernseher, -   TV set
finden, fand, gefunden   to find
die Freizeit   leisure time
sich freuen   to be delighted
sich freuen auf   to look forward to
der Fuß, ¨e   foot
geben, gibt, gab, gegeben   to give
gegnerisch   opposing
gehen, ging, ist gegangen   to go, walk
gern   with pleasure
gespannt sein (auf)   to be curious (about)
gewinnen, gewann, gewonnen   to win
glücklich   happy
die Hand, ¨e   hand
das Haus, ¨er   house
(sich) hin·setzen   to sit down
hoffentlich   hopefully
der Kampf, ¨e   battle, fight
kämpfen (um)   to battle (for), fight (for)
kaum   barely
kennen·lernen   to get to know
das Kind, -er   child
die Kirche, -n   church
der Kopf, ¨e   head
der Körper, -   body
lassen, läßt, ließ, gelassen   to let, allow to
das Leder, -   leather; here: ball
machen   to make, do
manchmal   sometimes
meist (ens)   mostly, for the most part
der Mensch, -en   people

die Minute, -n   minute
nächst-   next
natürlich   naturally
pfeifen, pfiff, gepfiffen   to whistle
der Platz, ¨e   place
das Radio, -s   radio
die Regel, -n   rule
rot   red
rund   round
schießen, schoß, geschossen   to kick
schreien, schrie, geschrien   to shout, to scream
schwarz   black
schwer   severe
sehen, sieht, sah, gesehen   to see
sicher   certain
sicherlich   certainly
sitzen, saß, gesessen   to sit
die Spannung, -en   tension
das Spiel, -e   game, play
der Spieler, -   player
der Sport   sport
stehen, stand, gestanden   to stand
stehen·bleiben, blieb, ist stehengeblieben   to remain standing; to stand still
stoßen, stößt, stieß, gestoßen   to push, to knock
die Strafe, -n   penalty
teuer   expensive
das Tor, -e   goal
sich überlegen (+ dat.)   to ponder
überwachen   to supervise
unglücklich   unhappy
(sich) unterhalten, unterhält, unterhielt, unterhalten   to entertain; to converse
verbringen, verbrachte, verbracht   to spend, pass
verlieren, verlor, verloren   to loose
(sich) versammeln   to gather, meet
verstehen, verstand, verstanden   to understand
(sich) vor·stellen (+ acc.)   to introduce
sich vor·stellen (+ dat.)   to imagine
weiß   white
weit   far
weg·bleiben, blieb, ist weggeblieben   to stay away
wenigstens   at least
wirklich   real, genuine
das Würstchen, -   sausage
der Zug, ¨e   train
der Zuschauer, -   spectator
zweimal   twice

3

Zweimal Deutschland: BRD und DDR

Seit 1973 haben über 16 Millionen West-Berliner Ost-Berlin und die DDR besucht. D.h. seit diesem Jahr hat die Regierung in Bonn beinah 100 Millionen DM als Einreisegebühr[1] für die Reisenden aus West-Berlin an die Regierung in Ost-Berlin gezahlt[a]. Diese Statistik hat man kürzlich in der Zeitung gelesen, und sie gab vielen Lesern zu denken. [5]

Nach dem Zweiten Weltkrieg[2] hatte man das ehemalige Deutschland aufgeteilt[b], und zwei nebeneinander existierende[3] Staaten haben sich entwickelt. Aber sowohl in der BRD als auch in der DDR hat man sich für lange Zeit Illusionen um eine Wiedervereinigung[4] gemacht[5]. Jedoch hat die Frage der Wiedervereinigung Deutschlands inzwischen internationale Dimensionen angenommen. Die ehemaligen Alliierten[6], [10] d.h. Frankreich, Großbritannien, die Sowjetunion und die Vereinigten Staaten haben dieses internationale Problem nicht gelöst. Man denkt sofort an ähnliche Probleme, z.B. an das aufgeteilte Korea.

Weder der Osten noch der Westen glauben noch an die Möglichkeit [15] und die Notwendigkeit[7] einer Wiedervereinigung Deutschlands. In der BRD und in der DDR spricht man manchmal noch über eine Wiedervereinigung, aber man glaubt auch nicht an sie. Die Bürger beider Staaten haben das Interesse an einer Wiedervereinigung anscheinend verloren. [20]

Beide deutschen Staaten gehen jetzt seit ca. 30 Jahren ihre eigenen Wege und haben große Erfolge in der Industrie, der Kultur und im Sport erzielt[8]. Aber beide Staaten haben sich in vieler Hinsicht deshalb auch weit von einander entfernt. In internationalen Organisationen wie den Vereinten Nationen[9] oder dem Internationalen Olympischen [25] Komitee[10] hat man sowohl für die BRD als auch für die DDR je einen

---

1. entrance fee. 2. World War II. 3. existing. 4. reunification. 5. to have illusions. 6. Allies. 7. necessity. 8. achieved. 9. United Nations. 10. International Olympic Committee.

Platz bereitgestellt. Die Zeit hat nicht stillgestanden. Beide Seiten
haben unabhängig von einander ihre eigenen nationalen Interessen
verfolgt.

Leider sind die Beziehungen zwischen den Politikern der BRD und   30
der DDR nicht immer sehr gut gewesen. Bis zum heutigen Tag gibt es
noch viele Probleme: z.B. verlangt die DDR von der BRD eine Anerkennung der Staatsgrenze[11], und die BRD verlangt von der DDR
menschliche Erleichterungen[12]. Aber beide Seiten haben auch viele
gemeinsame Interessen; z.b. wünschen beide Seiten verbesserte Ver-   35
kehrsverbindungen[13].

Noch vor kurzer Zeit glaubte man nicht an Kompromißmöglichkeiten[14], aber jetzt sieht man positive Anzeichen[15]. E i n
Staat ist Deutschland einmal gewesen, aber zwei friedlich nebeneinander lebende Staaten — BRD und DDR — sind sicherlich eine   40
Möglichkeit.

Bemerkungen

a. According to a bilateral agreement between the Federal Republic and the
Democratic Republic, a small sum is being paid by the former to the latter
for each visitor who is a resident of West Berlin.

b. After the unconditional surrender of Germany on May 8th, 1945, the Allies
divided the country and Berlin into four zones according to their Potsdam
and previous agreements.

Wichtige Redewendungen und Konstruktionen

sowohl. . . als auch	*as well as*
weder. . . noch	*neither. . . nor*
in vieler Hinsicht	*in many respects*
bis zum heutigen Tag	*until today*
noch vor kurzer Zeit	*recently*

Fragen

1. Wieviele Einwohner West-Berlins haben seit 1973 Ost-Berlin und
   die DDR besucht?
2. Wieviel DM hat die Regierung der BRD seit diesem Jahr an die
   Regierung der DDR bezahlt?
3. Wann hatte man das ehemalige Deutschland aufgeteilt?

---

11. state border.   12. alleviations.   13. traffic and communication lines.   14. possibilities for compromise.   15. signs.

4. Was hat sich auf dem Gebiet des ehemaligen Deutschlands entwickelt?
5. Wer sind die ehemaligen Alliierten?
6. Was haben die Alliierten nicht gelöst?
7. Was glauben weder der Westen noch der Osten?
8. Was haben die Bürger sowohl der BRD als auch der DDR anscheinend verloren?
9. Warum haben sich beide Staaten in vieler Hinsicht weit von einander entfernt?
10. Wem hat man in internationalen Organisationen wie z.B. den Vereinten Nationen einen Platz bereitgestellt?
11. Was verfolgen sowohl die BRD als auch die DDR?
12. Was gibt es auch heute noch zwischen beiden deutschen Staaten?
13. Welche Probleme gibt es?
14. Was ist z.B. ein gemeinsames Interesse der BRD und der DDR?
15. Was sehen die Politiker und die Bürger beider Staaten jetzt?
16. Was ist Deutschland einmal gewesen?
17. Was ist sicherlich eine Möglichkeit?

GRAMMATIKALISCHE ERKLÄRUNGEN

1. The Past Participle

a. For *regular weak verbs*, the past participle is formed with the prefix **ge-** and the suffix **= (e)t.** The unchanged stem of the verb is inserted in this frame:

zahlen:	**ge + zahl + t:**	**gezahlt**
öffnen (open):	**ge + öffn + et:**	**geöffnet**

The past participle of **haben** is also formed in this manner:

haben:	**ge + hab + t:**	**gehabt**

b. For *irregular weak verbs*, the past participle is formed with the same frame and a changed stem.

kennen:	**ge + kann + t:**	**gekannt**

The irregular weak verbs are listed in the vocabulary as **denken, dachte, gedacht.**

c. For *strong verbs*, the past participle is formed with the prefix **ge-** and the suffix **-en.** The changed stem is inserted in this frame:

gehen:	**ge + gang + en:**	**gegangen**
sitzen:	**ge + sess + en:**	**gesessen**

Note that sometimes the stem does not change:

laufen:	**ge + lauf + en:**	**gelaufen**

The past participle of **sein** is also formed in this manner:

sein: **ge + wes + en:**   **gewesen**

The strong verbs are listed in the vocabulary as **sehen, sieht, sah, gesehen.**

d. For verbs with *inseparable prefixes,* the past participle is formed by adding the suffixes **-t** or **-en** to the stem, depending on whether it is a weak or a strong verb:

besuchen: besuch**t**
verbringen: verbrach**t**
verlieren: verlor**en**

e. For verbs with *separable prefixes,* the past participle is formed by inserting the **ge-** prefix between the separable prefix and the stem:

kennenlernen: kennen**ge**lernt
hineinbringen: hinein**ge**bracht
anfangen: an**ge**fangen
annehmen: an**ge**nommen

f. For verbs with the ending **-ieren,** the past participle is formed by adding the suffix **-t** to the stem.

existieren: existier**t**

g. Past participles used as adjectives take endings according to the rules discussed in Chapter 1:

ein aufgeteilt**es** Land

ANWENDUNG

Benutzen Sie das Partizip Perfekt des gegebenen Verbs als ein attributives Adjektiv:

1. Beide Seiten wünschen _____ Beziehungen. (verbessern)
2. Er kam durch die _____ Tür. (öffnen)
3. Ein _____ Spiel ist immer gut. (gewinnen)
4. Die _____ Zeitung liegt dort. (lesen)
5. Das _____ Spiel war schlecht. (verlieren)
6. Das _____ Deutschland war ein internationales Problem. (aufteilen)

2. The Present Perfect

a. The present perfect tense consists of the present tense of the auxiliary verbs **haben** or **sein** and the past participle of the main verb. The past participle is at the end of a main clause:

b. The auxiliary verb **haben** is used with most verbs:

Zwei Staaten **haben** sich **entwickelt.**

c. The auxiliary verb **sein** is used with verbs expressing motion from one place to another and with some other verbs, especially **sein, bleiben,** and **werden** (become):

Ich **bin** nach Berlin **gefahren.**
Ich **bin** in Berlin **gewesen.**
Er **ist** von der Arbeit **weggeblieben.**
Der Spieler **ist** berühmt **geworden.**

These verbs are listed in the vocabulary as **gehen, ging, ist gegangen.**

Note: If verbs expressing motion from one place to another have a direct object, the auxiliary verb **haben** is used:

Ich **bin** mit dem Auto nach Berlin **gefahren.**
BUT: Ich **habe das Auto** nach Berlin **gefahren.**

d. The present perfect tense is used for past events that happened close to or are still going on in the present. Especially in conversation and in informal writing, the present perfect tense is preferred over the past tense.

ANWENDUNG

Wiederholen Sie die Sätze im Perfekt:

1. Sie glauben nicht an die Möglichkeit einer Wiedervereinigung.
2. Ich gehe zum Fußballstadion.
3. Sie waren in Deutschland.
4. Ich bleibe in Berlin.
5. Die Teilung Deutschlands wurde ein Problem.
6. Er fuhr das Auto nach Wien.

3. The Past Perfect

a. The past perfect tense consists of the past tense of the auxiliary verbs haben or sein and the past participle of the main verb. In all other respects, the rules discussed for the present perfect tense apply:

Vor dem Zweiten Weltkrieg **hatte** es ein Deutschland **gegeben.**
Wir **waren** schon vor dem Spiel nach Hause **gefahren.**

b. The past perfect tense is used for past events that happened before another event in the past.

ANWENDUNG

Wiederholen Sie die Sätze im Plusquamperfekt:

1. Unsere Mannschaft verlor das Spiel.
2. Er fuhr nach Berlin.

3. Sie sind in Deutschland.
4. Sie blieb in Wien.
5. Der Spieler wurde berühmt.
6. Er fuhr das Auto nach Berlin.

4. The Present Participle

a. The present participle is formed by adding the suffix **-d** to the infinitive of the verb:

leben: lebend
gehen: gehend

b. Present participles are used as adjectives according to the rules discussed in Chapter 1:

die nebeneinander **lebenden** Staaten

ANWENDUNG

Benutzen Sie das Partizip Präsens des gegebenen Verbs als attributives Adjektiv (Use the present participle of the given verb as attributive adjective):

1. Ost-Berlin verlangt die Anerkennung _____ Grenzen. (existieren)
2. Die _____ Mannschaft schießt noch ein Tor. (verlieren)
3. Das _____ Kind lief vor ein _____ Auto. (spielen/fahren)

ÜBUNGEN

A. *Ändern Sie die folgenden Sätze zum Perfekt:*

In den Zeitungen steht, viele Bürger West-Berlins fahren in die DDR und ihre Hauptstadt. Dafür zahlt die Regierung der BRD Einreisegebühren in ihrer Währung an Ost-Berlin. Warum ist das so? Seit dem Zweiten Weltkrieg gehen die BRD und die DDR ihre eigenen Wege und entwickeln sich als zwei nebeneinander lebende Staaten. Manche sprechen von der Wiedervereinigung und denken: was wird aus dem aufgeteilten Deutschland? Aber weder der Westen noch der Osten machen sich große Illusionen. Keiner löst bis heute das Problem der Wiedervereinigung; es ist ein Problem, und es bleibt ein Problem. Bonn wünscht menschliche Erleichterungen, und Ost-Berlin verlangt die Anerkennung existierender Grenzen im ehemaligen Deutschland. Aber seit kurzer Zeit sehen viele Menschen Kompromißmöglichkeiten. Sicherlich gibt es immer ähnliche Probleme in der Welt, z.B. in Korea.

B. *Ändern Sie zum Plusquamperfekt:*

1. Vor dem Spiel versammeln sich die Spieler auf dem Platz.
2. Er war vor dem Krieg in Deutschland.

3. Der Politiker spricht vor der Reise nach Europa im Fernsehen.
4. Wenige Zuschauer gehen vor dem Spiel in die Kirche.
5. Kurz vor dem Ende des Spieles schießt der Spieler ein Tor.

C. *Ändern Sie zum Perfekt:*

1. Der Tag fängt an.
2. Sie steht auf.
3. Sie ißt (*eats*) Würstchen mit sehr wenig Senf.
4. Sie geht zur Universität.
5. Sie unterhält sich mit anderen Studenten.
6. Sie bleibt nicht lange dort.
7. Sie fährt wieder nach Hause.
8. In ihrer Freizeit sieht sie fern.
9. Manchmal trinkt (*drinks*) sie Bier.
10. Der Tag ist zu Ende.

D. *Ändern Sie die Sätze in Übung C zum Imperfekt (past tense):*

E. *Formen Sie Sätze aus den gegebenen Satzelementen und benutzen Sie das Verb in der gegebenen Zeit:*

1. (machen [pres. perf.])   Vor / kurz / Zeit / ich / eine / Reise / in / das / geteilt / Deutschland
2. (sein [pres.])   Beide / deutsch / Staat / heute / von / wirtschaftlich / und / kulturell / Bedeutung
3. (geben [past perf.])   Vor / der / Zweit- / Weltkrieg / es / nur / ein / Deutschland
4. (fahren [pres. perf.])   Natürlich / wir / auch / in / die / DDR
5. (sein [past])   In / Ost-Berlin / ich / schon / oft
6. (sich gern unterhalten [pres.])   Mit / der / Mensch [pl.] / dort / ich / immer
7. (fahren [pres. perf.])   Von / Ost-Berlin / wir / mit / der / Zug / nach / München
8. (sein [pres.])   München / eine / kulturell / bedeutend / Stadt
9. (trinken [pres. perf.])   Ich / dort / Bier
10. (fahren [pres. perf.])   Von / dort / nach / Köln / und / Hamburg / wir / mit / ein / Bus
11. (sein [pres. perf.])   An / der / folgend / Tag / wir / in / Kiel
12. (sein [past])   Die / kurz / Reise / von / Hamburg / nach / Kiel / mit / das / Auto / nicht / teuer
13. (fahren [pres. perf.])   Natürlich / ich / das / Auto / nicht
14. (gern Auto fahren [pres.])   Denn / ich / in / Deutschland / nicht
15. (kennenlernen [pres. perf.])   Ich / viele / Mensch / und / ihr / Problem
16. (wünschen [pres.])   Beide / in / Deutschland / existierend / Staat /

verbessert / Beziehung [*pl.*]
17. (erkennen [pres. perf.]) (Der / Politiker [*pl.*] / die / Bedeutung /
verbessert / Beziehung [*pl.*]
18. (sein [pres.]) Aber / noch / nicht / alle / Problem / gelöst

F. *Übersetzen Sie ins Englische:*

1. Noch vor kurzer Zeit kannte ich Deutschland nicht.
2. Ich war sowohl in Ost-Berlin als auch in West-Berlin.
3. Bis zum heutigen Tag ist das Problem der Wiedervereinigung nicht
   gelöst.
4. Ich bin nach Hause gegangen.
5. Ich esse gern Würstchen mit Senf.

G. *Sagen Sie auf deutsch:*

1. I have traveled a lot by train in Europe.
2. Neither the train nor the bus were expensive.
3. In many respects, Europe is very different from the USA.
4. Before the trip, I had read a lot about Switzerland
5. Until recently, both sides wanted improved relationships.

GESPRÄCHSTHEMEN

1. Was haben die BRD und die DDR in der Industrie, im Sport und in
   der Kultur erzielt?
2. Glauben Sie an die Möglichkeit und Notwendigkeit einer
   Wiedervereinigung Deutschlands?

KLEINE AUFSATZTHEMEN

1. Vergleichen Sie zwei bedeutende amerikanische Bundesstaaten!
2. Vergleichen Sie die BRD mit der DDR — sowohl wirtschaftlich als
   auch politisch! *economically*

VOKABULAR

ändern to change
die **Anerkennung** recognition
**an·nehmen, nimmt, nahm, angenom-
men** to take on
anscheinend apparently
auf·teilen to divide
besuchen to visit
die **Beziehung, -en** relation(ship)
der **Bürger, -** citizen

denken, dachte, gedacht to think;
zu denken geben to give cause for
thought
deshalb therefore
ehemalig former
eigen own
einander each other
einmal once
(sich) entfernen to move away

(sich) entwickeln to develop
der Erfolg, -e success
essen, ißt, aß, gegessen to eat
(das) Frankreich France
friedlich peaceful
glauben (an) to believe (in)
(das) Großbritannien Great Britain
gut good
heutig present, modern
die Industrie, -n industry
international international
inzwischen in the meantime
jedoch however
der Krieg, -e war
die Kultur, -en culture
kurz short
kürzlich recently
lang long
leben to live
leider alas; unfortunately
lesen, liest, las, gelesen to read
der Leser, - reader
menschlich human
die Möglichkeit, -en possibility
nebeneinander next to one onother,
  side by side
die Organisation, -en organisation
der Osten East
der Politiker, - politician

positiv positive
das Problem, -e problem
die Regierung, -en government
der Reisende (ein Reisender), -n traveler
schlecht bad
die Seite, -n side; page
die Sowjetunion Soviet Union
sowohl . . . als auch as well as
die Statistik, -en statistics, data
still still; quiet
still-stehen, stand, stillgestanden to
  stand still
der Student, -en student
trinken, trank, getrunken to drink
unabhängig independent
die Universität, -en university
verbessern to improve
die Vereinigten Staaten (von Amerika)
  United States (of America)
verlangen to demand
weder . . . noch neither . . . nor
der Weg, -e way; path
werden, wird, wurde, ist geworden to
  become
der Westen West
wünschen to wish
zahlen to pay
die Zeit, -en time
die Zeitung, -en newspaper

4 Einmal im Jahr Urlaub

Wenn von Abenteuern[1] die Rede ist, denkt man sofort an einen Urlaub
im Ausland. Denn ein solcher Urlaub in fernen Ländern ist im allgemeinen nicht nur interessant sondern auch aufregend[2]. Die Deutschen und viele andere Mitteleuropäer[3] geben für Auslandsreisen
beinah soviel Geld aus wie die amerikanischen Europareisenden. Die   5
Reisebüros[4] und die Hotels, z.B. in der Schweiz und in Österreich
erzählen alle dieselbe erfreuliche Geschichte: eine große Anzahl von
Bundesbürgern[5] reist im Sommer ins Ausland, und ihre Ausgaben[6] für
den Urlaub klettern unaufhaltsam[7] nach oben. In den Monaten Juni,
Juli und August sind die Bundesbürger ein Volk von Urlaubern, d.h. die   10
Nation ist auf Reisen.

Viele Länder leben heute vom Tourismus[8], z.B. sind Italien, Jugoslawien und Spanien drei sehr beliebte und relativ billige Reiseziele[9]
der Bundesbürger. Obwohl die Bundesrepublik selbst nicht zu den
traditionellen Reisezielen der Europäer gehört, sind dort 1,5 Millionen   15
Menschen mehr in der Touristenindustrie tätig als in der Automobilindustrie. Die Touristen in der Bundesrepublik sind allerdings
hauptsächlich die Deutschen selbst, d.h. noch ca. 45 Prozent aller
deutschen Urlauber verbringen ihre Ferien im eigenen Land.

Wie fährt man in Deutschland in den Urlaub? Manche fliegen mit   20
einem Charterflugzeug[10] über den halben Kontinent oder sogar zu
einem anderen Kontinent. Andere erreichen ihr Ferienziel hinter dem
Steuer ihres Autos nach stundenlanger, anstrengender Fahrt auf ver-
stopften[11] Autobahnen. Auch der Bus ist eine Möglichkeit, denn
man sieht viel und sitzt bequem. Eine weitere Möglichkeit ist eine   25
Ferienreise mit dem Zug. Die Züge in Europa sind so bequem, daß sie
sich beinah mit Hotels vergleichen lassen. In den Speisewagen[12] gibt es

---

1. adventures. 2. exciting. 3. Central Europeans. 4. travel agencies. 5. West
Germans. 6. expenses. 7. continually. 8. tourism. 9. travel destinations. 10.
charter plane. 11. jammed. 12. dining cars.

Hauptbahnhof Frankfurt/Main

morgens zum Frühstück z.B. Spiegeleier mit Speck und Kaffee. Mittags hat man im allgemeinen die Wahl zwischen drei oder vier Hauptgerichten[13], z.B. Fisch, Rindfleisch oder Schweinefleisch.[b] Und abends 30 gibt es ein typisches kaltes Abendessen mit Butterbrot, Käse und Wurst. Natürlich gibt es dazu auch entweder ein Glas Bier oder Wein. Aber nicht nur einen Speisewagen hat ein Ferienzug, sondern natürlich auch einen Schlafwagen[14], damit der Tourist frisch und erholt an seinem Reiseziel ankommt. Leider sind jedoch diese Züge nicht billig, 35 sie sind sogar so teuer, daß heutzutage nur noch 20 Prozent aller Touristen aus der Bundesrepublik mit dem Zug fahren. Vor zwanzig Jahren waren es noch 50 Prozent. Obwohl Benzin in Europa sehr teuer ist, ist eine Fahrt mit dem Auto im Vergleich immer noch billig.

Aber sicherlich ist es nicht so wichtig, wie man in die Ferien fährt, 40 sondern daß man dieses Abenteuer überhaupt sucht. Wenn man nach drei Wochen unter fremden Menschen mit ungewöhnlichen Sitten[15] und exotischen Mahlzeiten müde und mit einem Sonnenbrand[16] und leerem Geldbeutel[17] wieder nach Hause zurückkehrt, ist man wieder arbeitsfähig. Mit der Ankunft zu Hause beginnt schon gleich das 45 Sparen und Planen für den nächsten Urlaub — vielleicht das nächste Mal zur Fotosafari nach Kenia?

Bemerkungen

a. Employees in many Western European countries receive not only a thirteenth monthly salary as a Christmas bonus but also a vacation allowance called "Urlaubsgeld."

b. Typically, the main meal in European countries is eaten around noon, while the meal that corresponds more closely to the American lunch is eaten in the evening.

Wichtige Redewendungen und Konstruktionen

es ist die Rede von ...	one speaks about ...
im allgemeinen	in general
oder sogar	or even
nicht nur ... sondern auch	not only ... but also
im Vergleich	by comparison

Fragen

1. Wie ist ein Urlaub in fernen Ländern?

---

13. main courses. 14. sleeping car. 15. customs. 16. sun burn. 17. purse.

2. Wieviel Geld geben die Bundesbürger für Auslandsreisen aus?
3. Was für eine Geschichte erzählen die Reisebüros und Hotels in der Schweiz und in Österreich?
4. Welches sind beliebte Reiseziele der Bundesbürger?
5. Warum ist der Tourismus für manche Länder wichtig?
6. Gehört die BRD zu den traditionellen Reisezielen der Europäer?
7. Wieviel Prozent der Bundesbürger verbringen ihre Ferien im eigenen Land?
8. Wie ist die Fahrt in den Urlaub auf der Autobahn?
9. Warum ist der Bus eine gute Möglichkeit für eine Fahrt in die Ferien?
10. Wie sind die Züge in Europa?
11. Was für Wagen haben die Ferienzüge?
12. Wieviel Prozent aller Touristen aus der BRD fahren mit dem Zug?
13. Wieviel Prozent waren es vor zwanzig Jahren?
14. Was ist wichtig an einer Fahrt in den Urlaub?
15. Wie kehrt man aus den Ferien zurück?
16. Was beginnt nach der Rückkehr aus dem Urlaub?

GRAMMATIKALISCHE ERKLÄRUNGEN

1. Word Order in Main Clauses

The basic rule for the word order in main clauses is that the conjugated verb always is in *second position.*

a. In *normal word order,* the subject is in first position.

1ST POSITION	2ND POSITION	
Er	**ist**	gern in Italien gewesen.

b. If another sentence element is in first postion, the *word order is inverted;* this means that the subject directly *follows* the conjugated verb. Thus, the verb is still in second position:

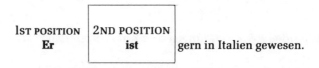

	1ST POSITION	2ND POSITION	
NORMAL:	Er	**ist**	in Italien gewesen.
INVERTED:	In Italien	**ist**	**er** gewesen.

c. Main clauses may be combined by coordinating conjunctions like **aber, denn, doch, oder, sondern, und.** Coordinating conjunctions do not affect the word order in main clauses:

Wir sind im Urlaub in Italien gewesen, **und ich habe** dort viel Interessantes gesehen, **aber** zu Hause **ist es** auch schön.

ANWENDUNG

A. *Beginnen Sie den Satz mit dem kursiv gedruckten Satzelement:*

1. An meinen nächsten Urlaub denke *ich* oft.
2. Ich bin noch nicht *in Kenia* gewesen.
3. Leider sind *diese* Züge nicht billig.
4. Man kann *z.B.* mit dem Bus fahren.

B. *Verbinden Sie die beiden Sätze mit der gegebenen Konjunktion:*

1. Ich spare jetzt. (und) Hoffentlich habe ich bald das Geld.
2. Viele Touristen fahren mit dem Auto. (denn) Die Züge sind sehr teuer.
3. Sie fahren nicht nach Kenia. (sondern) Sie bleiben in Deutschland.

2. Word Order in Questions

In questions, *inverted word order* is used.

a. In questions that are introduced by a question word, the question word is in first position:

Wo ist er im Urlaub gewesen?

b. In questions that are not introduced by a question word (these can only be answered by *yes* or *no* and are, therefore, sometimes called yes/no-questions), the conjugated verb is in first position:

Ist er im Urlaub in Italien gewesen?

ANWENDUNG

A. *Fragen Sie nach dem kursiv gedruckten Satzelement mit dem gegebenen Fragewort, und beantworten Sie die Frage:*

1. *Der berühmte Fußballspieler* ist in Italien im Urlaub. (wer)
2. Wir haben *ihn* dort gesehen. (wen)
3. Du ißt *Fisch* als Hauptgericht. (was)
4. *Der Wein im Speisewagen* ist teuer. (was)

B. *Formen Sie ja/nein Fragen und beantworten Sie sie:*

1. Sie waren schon in Kenia.
2. Sie trinken gern Bier.
3. Der Ferienzug hat auch einen Schlafwagen.

3. Word Order in Dependent Clauses

Dependent clauses depend on another clause; they are also called subordinated clauses.

a. In dependent clauses introduced by a subordinating conjunction (see the list below), *dependent word order* is used: the conjugated verb is at the end of the clause.

Er sagt, daß er nach Italien gefahren **ist,** weil er gern italienischen Wein **trinkt.**

Note that separable prefixes are combined with the conjugated verb:

Ich bin unglücklich, wenn ich aus dem Urlaub nach Hause **zurückkehre.**

b. The subordinating conjunction **daß** may be left out; the word order in the dependent clause is then the same as in main clauses, either normal or inverted:

DEPENDENT: Er sagt, daß er gern in Italien gewesen **ist.**
NORMAL: Er sagt, er **ist** gern in Italien gewesen.
INVERTED: Er sagt, in Italien **ist** er gern gewesen.

c. If the dependent clause precedes the main clause, the word order in the main clause is *inverted,* because the dependent clause is then considered to be the first element of the main clause:

Wenn ich aus dem Urlaub nach Hause zurückkehre, **bin ich** unglücklich.

d. If a subordinating conjunction is preceded by a coordinating conjunction, the subordinating conjunction determines the word order:

Er sagt, daß er in Italien **war** und daß er bald wieder **hinfährt.**

e. Some frequently used subordinating conjunctions are:

als	*when*	**obwohl**	*although*
bevor	*before*	**seit, seitdem**	*since (temporal)*
bis	*until*	**sobald**	*as soon as*
da	*since (causal); as*	**so daß**	*so that*
damit	*so that*	**solange**	*as long as*
daß	*that*	**während**	*while*
nachdem	*after*	**weil**	*because*
ob	*whether*	**wenn**	*if; when*

Note that for the English conjunction *when* there are two different German conjunctions, **als** and **wenn:**

als is used for *single* events in the *past:*

Als wir mit dem Auto nach Kiel **fuhren,** war die Autobahn verstopft.

wenn is used for *single* events in the *present* and *future* and for *recurring* events in *all tenses:*

Wenn ich heute abend nach Hause **komme,** sehe ich mir das Fußballspiel im Fernsehen an.

(Immer) **wenn** wir mit dem Auto in den Urlaub **fuhren,** waren die Autobahnen verstopft.

Keep in mind that the meaning of *when* used as a question word is **wann:**

Wann fahren Sie in den Urlaub?

ANWENDUNG

Verbinden Sie die beiden Sätze mit der gegebenen Konjunktion:

1. Ich schlafe. (weil) Ich bin müde.
2. Er glaubt. (daß) Der Zug hat einen Speisewagen.
3. Er sagt. (—) Er ißt gern Fisch.
4. Sie fahren mit dem Auto. (damit) Sie geben nicht soviel Geld für den Urlaub aus.
5. (wenn) Sie kommen nach Hause. Der Geldbeutel ist leer.
6. Er sagte. (daß) Er war müde. (und daß) Er hatte einen Sonnenbrand.

ÜBUNGEN

A. *Beginnen Sie den Satz mit dem kursiv gedruckten Satzelement:*

1. Die bekannten Spieler sind *für viele* Fußballanhänger Nationalhelden.
2. Tausende von Menschen haben sich *dort* versammelt.
3. Die Reise ist *oft* zu weit und zu teuer gewesen.
4. Man schießt den Ball *meistens* mit dem Fuß.
5. Nur die Torwächter berühren den Ball *mit den Händen.*
6. Ich habe nicht gern *Würstchen* gegessen.
7. HSV ist *z.B.* eine bekannte Fußballmannschaft.
8. Die andere Mannschaft gewinnt hoffentlich *das nächste Mal.*

B. *Verbinden Sie die beiden Sätze mit der gegebenen Konjunktion:*

1. Wir waren im Urlaub in Italien. Ich bin gern dort gewesen. (und)
2. Sie waren in der Schweiz. Das nächste Mal fahren sie nach Kenia. (aber)
3. Dort fahre ich nicht hin. Ich habe kein Geld. (denn)
4. Urlaub ist schön. Zu Hause ist es nicht so anstrengend. (doch)
5. Wir waren nicht in Österreich. Wir sind in Deutschland geblieben. (sondern)
6. Wir fahren mit dem Zug in den Urlaub. Wir benutzen unser eigenes Auto. (oder)

C. *Formen Sie Fragen:*

1. Diese Statistik hat man kürzlich in der Zeitung gelesen. (wo)
2. Man hatte das ehemalige Deutschland 1945 aufgeteilt. (wann)
3. Sowohl in der DDR als auch in der BRD hat man sich Illusionen um eine Wiedervereinigung gemacht. (yes/no-question)
4. Deutschland ist einmal ein Staat gewesen. (was)
5. Beide Staaten haben sich voneinander entfernt. (warum)
6. Bis zum heutigen Tag gibt es noch Probleme. (yes/no-question)
7. Die Beziehungen sind nicht immer sehr gut gewesen. (wie)
8. Beide Staaten haben gemeinsame Interessen. (yes/no-question)

D. *Fragen Sie nach den kursiv gedruckten Satzelementen, und beantworten Sie die Fragen:*

1. *In Italien* war ich schon oft.
2. Nach Österreich fährt er immer nur *im Sommer.*
3. Sie war im letzten Jahr in Deutschland. (ja/nein)
4. Nach Kenia fahre ich nicht, *weil ich kein Geld habe.*
5. Aber *Deutschland* finde ich auch gut.
6. *Französischen Wein* trinkt er sehr gern.
7. Viele Menschen essen gern exotische Mahlzeiten. (ja/nein)
8. *Die Besitzer von Hotels in Österreich* erzählen dieselbe erfreuliche Geschichte.

E. *Verbinden Sie die beiden Sätze mit der gegebenen Konjunktion. Machen Sie den ersten Satz abhängig (dependent) von dem zweiten:*

1. Wir fahren in den Urlaub. Ich lese viel über das Land. (bevor)
2. Er hat kein Geld. Er reist gern. (obwohl)
3. Man fährt mit dem Auto in die Ferien. Die Autobahnen sind immer verstopft. (wenn)
4. Es ist bequem. Sie benutzt den Zug. (weil)
5. Ich war in Italien. Ich spreche Italienisch. (seit)
6. Sie hatten Wien besucht. Sie blieben einige Tage in Salzburg. (nachdem)
7. Wir fahren nach Italien oder Österreich. Ich weiß noch nicht. (ob)
8. Ich komme heute nach Hause. Ich trinke italienischen Wein. (wenn)
9. Wir sind im Urlaub. Wir geben viel Geld aus. (während)
10. Ich kam aus dem Urlaub zurück. Ich hatte einen Sonnenbrand. (als)

F. *Verbinden Sie die beiden Sätze mit der entsprechenden deutschen Konjunktion an der gegebenen Stelle:*

1. Die Schweiz ist ein mitteleuropäisches Land. (*and*) Ihre Hauptstadt ist Bern.
2. Ich lese in der Zeitung. (*that*) Viele West-Berliner fahren in die DDR.

3. Sie fährt gern nach Italien. (*because*) Sie lernt dort viele interessante Menschen kennen.
4. (*when*) Er war in Österreich. Er hat auch Wien besucht.
5. Im nächsten Jahr fliegen wir nach Kenia. (*or*) Wir bleiben in Deutschland.
6. (*when*) Ich kam aus Frankreich zurück. Mein Geldbeutel war immer leer.
7. (*after*) Er hatte ferngesehen. Er las die Zeitung.
8. Wir fahren nicht nach Europa. (*for*) Wir haben kein Geld.
9. Das Spiel beginnt. (*when*) Der Schiedsrichter pfeift.
10. Sie fahren gern nach Deutschland. (*but*) Sie sprechen nicht sehr gut Deutsch.

G. *Übersetzen Sie ins Englische:*

1. Er spricht nicht nur Französisch, sondern auch Italienisch.
2. Es war die Rede von der Wiedervereinigung Deutschlands.
3. Im Vergleich mit dem Zug ist das Auto immer noch billig.
4. Ich esse exotische Mahlzeiten im allgemeinen sehr gern.
5. Manche Touristen zahlen 1 000 DM oder sogar 2 000 DM für ihren Urlaub.

H. *Sagen Sie auf deutsch:*

1. When do you return from your vacation?
2. I believe the reunification of Germany is not necessary.
3. When I came home, I ate fried eggs.
4. Have you been in Switzerland?
5. I always visited Vienna when I was in Austria.

GESPRÄCHSTHEMEN

1. Wo waren Sie kürzlich im Urlaub, und wie sind Sie zu Ihrem Urlaubsziel gefahren?
2. Was wird Ihr nächstes Urlaubsziel sein und warum?
3. Warum ist ein Urlaub immer so teuer?

KLEINE AUFSATZTHEMEN

1. Beschreiben Sie eine Reise im Zug!
2. Fährt man in Amerika auch mit dem Zug in den Urlaub, und ist es so billig wie mit dem Auto?
3. Beschreiben Sie, wie Sie im allgemeinen aus dem Urlaub zurückkehren!

VOKABULAR

das **Abendessen, -** dinner
abends in the evenings
abhängig dependent
allerdings however
allgemein general
der **Amerikaner, -** American (citizen)
an-kommen, kam, ist angekommen
to arrive
die **Anzahl** number
arbeitsfähig able to work
das **Ausland** abroad, foreign countries
die **Autobahn, -en** freeway
beginnen, begann, begonnen to begin
beliebt popular
das **Benzin** gasoline
bequem comfortable
billig cheap
das **Butterbrot, -e** sandwich
der **Deutsche, -n (ein Deutscher)** German
(citizen)
erfreulich delightful, pleasant
erholt recovered
erreichen to reach
erzählen to tell
die **Fahrt, -en** trip
die **Ferien** (pl.) vacation
fern distant
der **Fisch, -e** fish
fliegen, flog, ist geflogen to fly
fremd foreign, strange
frisch fresh
das **Frühstück** breakfast
gehören (zu) to belong to
das **Geld, -er** money
die **Geschichte, -n** story; history
das **Glas, -er** glass
hauptsächlich mainly
heutzutage nowadays
das **Hotel, -s** hotel
interessant interesting
(das) **Italien** Italy
(das) **Jugoslawien** Yugoslavia
der **Käse, -** cheese
der **Kaffee, -s** coffee
kalt cold
klettern, ist geklettert to climb

kommen, kam, ist gekommen to
come
leer empty
die **Mahlzeit, -en** meal
mehr ... als more ... than
mittags at noon
morgens in the mornings
müde tired
die **Nation, -en** nation
oben above; **nach oben** upwards
planen to plan
das **Prozent, -e** percent
die **Rede, -n** talk, speech
reisen, ist gereist to travel
das **Rindfleisch** beef
sagen to say
das **Schweinefleisch** pork
selbst self
sogar even
der **Sommer, -** summer
soviel so much
(das) **Spanien** Spain
sparen to save
der **Speck** bacon
das **Spiegelei, -er** fried egg
das **Steuer, -** steering wheel
stundenlang for hours
suchen to seek; to look for
tätig active
der **Tourist, -en** tourist
traditionell traditional
typisch typical
überhaupt at all
ungewöhnlich unusual
der **Urlaub, -e** vacation
der **Urlauber, -** vacationer
verbinden, verband, verbunden to
connect, combine; to associate
der **Vergleich, -e** comparison
das **Volk, -er** people
die **Wahl, -en** choice
der **Wein, -e** wine
weiter further
die **Woche, -n** week
die **Wurst, -e** sausage
zurück-kehren, ist zurückgekehrt
to return

5 Osten oder Westen?

Die DDR ist ein sogenannter sozialistischer Staat, während man die
drei anderen deutschsprachigen[1] Länder im allgemeinen als kapitalistische Länder bezeichnet. Wie lassen sich die Unterschiede dieser
zwei Systeme beschreiben? Ist das eine System besser als das andere?
Ein einfaches Ja oder Nein auf diese Frage ist sicherlich überhaupt   5
keine Antwort, sondern ist bestenfalls ein Beweis für ideologische
Vorurteile[2]. Wenn man vom Lebensstandard ausgeht, läßt sich sagen,
daß die BRD, Österreich und die Schweiz im Westen und die DDR im
Osten zu den Ländern mit dem jeweils höchsten Lebensstandard
gehören. Dennoch sind bedeutende Unterschiede festzustellen.   10
    Wenn z.B. Touristen aus dem Westen einmal für einen Nachmittag
Ost-Berlin besuchen, fallen ihnen sofort verschiedene Dinge als an-
ders und ungewohnt auf. Schon beim Grenzübergang[3] geht die
Paßkontrolle[4] sehr viel langsamer und schärfer als in den westlichen
Ländern voran; d.h. sowohl die Einreise nach Ost-Berlin als auch die   15
Ausreise aus Ost-Berlin ist sehr viel komplizierter, als wir es im
reisefreudigen[5] Westen kennen.
    Die Unterschiede werden jedoch am klarsten bei einem Vergleich
der wirtschaftlichen und kulturellen Lebensqualität in den westlichen
Ländern und in der DDR. Zweifellos ist die Lebensqualität in der DDR   20
auf der Ebene der Konsumgüter[6] niedriger als z.B. in der Schweiz. Wie
macht sich diese niedrigere Lebensqualität bemerkbar? Wenn man
nach dem Grenzübergang zu Fuß nach Ost-Berlin hineingeht, bemerkt
man, daß die Kleidung der Einwohner anders ist als in West-Berlin, nur
ein paar Minuten entfernt. Die Farben sind weniger grell, und der   25
Schnitt der Anzüge, Kleider und Mäntel scheint einfacher. Obwohl die
Kleidung der Ost-Berliner nicht mehr so grau wirkt wie früher, ist der
Gesamteindruck[7] dennoch eintönig[8] und einfach. Spätestens nach ein

---

1. German-speaking.   2. ideological bias.   3. border crossing.   4. passport control.   5.
travel-happy.   6. consumer goods.   7. overall impression.   8. monotonous.

West-Berlin: Kurfürstendamm

Ost-Berlin: Alexanderplatz

paar Schritten bemerkt der Besucher aus dem Westen, daß die gesamte
Atmosphäre sehr viel stiller und ereignisloser ist, als er es gewöhnt ist. 30
Der Grund hierfür ist unter anderem (u.a.), daß nicht nur weniger
Fußgänger zu sehen sind, sondern daß auch der Autoverkehr viel
geringer als im Westen ist. Es gibt bedeutend weniger Autos hier, und
außerdem sind sie kleiner und oft älter, als wir es kennen. Am Abend
scheint es in Ost-Berlin dunkler zu sein als in West-Berlin. 35

Aber vielleicht macht man am besten einen Schaufensterbummel[9]
Unter den Linden[a] oder am Alexanderplatz[b], von den Berlinern einfach Alex genannt, denn hier gibt es eine große Anzahl von Geschäften.
In den Schaufenstern sind natürlich viele Waren ausgestellt, aber die
Qualität und Auswahl[10] läßt sich nicht vergleichen mit dem Luxus in 40
den Geschäften auf dem Kurfürstendamm[c]. Obwohl die Schaufenster
in Ost-Berlin den Anschein erwecken, als ob es dort mehr oder weniger
alles gibt, ist die Wirklichkeit anders. Viele der ausgestellten Waren
sind nur nach längerer Wartezeit[11] und zu enorm hohen Preisen
erhältlich. Natürlich sind auch im Westen die Preise höher, als man es 45
wünscht, und natürlich kennt man auch hier Wartezeiten, aber im
allgemeinen lebt man im Westen sicher bequemer als im Osten.

Auf der Ebene der Kultur allerdings scheint die Lebensqualität in der
DDR im Vergleich zu den westlichen Ländern höher zu sein. Museen,
Symphonien und Theater z.B. sind staatlich subventionierte Unter- 50
nehmungen, d.h. eigentlich volkseigene Betriebe[12], und haben daher oft
mehr Geld, als dies im allgemeinen im Westen der Fall ist. Z.B. gibt es
in der DDR verschiedene berühmte Museen wie das Pergamonmu-
seum[d], hervorragende musikalische Gruppen wie der Dresdener
Thomas-Chor[e] und fabelhafte Theater wie das Theater am 55
Schiffbauerdamm[f]. Die kulturellen Institutionen sind im Osten häufig
besser besucht als im Westen, was einem westlichen Theaterbesucher
sofort auffällt. Das hängt zum Teil (z.T.) damit zusammen, daß die
Preise für Eintrittskarten dort niedriger sind. Im Westen sind sie teurer,
weil die staatlichen Subventionen geringer sind, wenn es sie über- 60
haupt gibt. Ein weiterer Grund für die große Beliebtheit von kulturellen Veranstaltungen ist vielleicht auch, daß es in der DDR weniger
Ablenkungen[13] gibt.

Alles dieses fällt einem, wie gesagt, schon bei einem flüchtigen
Besuch in der sozialistischen DDR auf; andere wichtige Punkte für 65
einen Vergleich der Lebensqualität im Osten und im Westen sind z.B.
sicherlich das Bildungswesen[14] und das System sozialer Sicherheiten[15].
Es ist jedoch anzunehmen[16], daß die Unterschiede zwischen dem Osten
und dem Westen auf allen Ebenen unwichtiger werden, weil die

---

9. to go window-shopping.   10. selection.   11. waiting period.   12. publicly owned
businesses.   13. diversions.   14. educational system.   15. health and welfare.   16. can
be assumed.

contrast

Gegensätze zwischen den sogenannten "armen" Ländern im Süden   70
und den sogenannten "reichen" Ländern im Norden in der Zukunft
immer wichtiger werden.   *future*

Bemerkungen

a. An avenue in East Berlin, named after its linden trees. Before the war, it was
   the most important street of all Berlin; to this day, Humboldt-Universität
   and the opera house are located here.
b. Famous plaza in East Berlin surrounded by stores, restaurants, and
   governmental buildings.
c. Called "Kudamm" by the Berliners; it is one of the most elegant shopping
   streets in the Federal Republic.
d. Famous for its Greek altar dedicated to Zeus and Athena, originally erected
   c. 200 B.C., now on exhibition in East Berlin.
e. Internationally known choir, named after the church, the Thomas-Kirche
   in Leipzig, which is its home.
f. This theater has become particularly famous for its productions of plays by
   Bertolt Brecht (1898–1956).

Wichtige Redewendungen und Konstruktionen

mehr als	*more than*
immer mehr	*more and more*
zu Fuß gehen	*to go by foot*
unter anderem (u.a.)	*among other things*
den Anschein erwecken	*to create the impression*
mehr oder weniger	*more or less*
zum Teil (z.T.)	*partly*
wie gesagt	*as said; as mentioned*

Fragen

1. Was für ein Staat ist die DDR?
2. Wie bezeichnet man die drei anderen deutschsprachigen Länder?
3. Was läßt sich über den Lebensstandard in den vier Ländern sagen?
4. Wie ist die Paßkontrolle an den Grenzübergängen nach Ost-
   Berlin?
5. Wie ist die Einreise nach Ost-Berlin im Vergleich zu einem
   Grenzübergang von einem westlichen Land in ein anderes west-
   liches Land?
6. Wann werden die Unterschiede zwischen dem Osten und dem
   Westen am klarsten?
7. Wie ist die Lebensqualität auf der Ebene der Konsumgüter in der
   DDR im Vergleich mit der Schweiz?

8. Was bemerkt man, wenn man zu Fuß nach Ost-Berlin hineingeht?
9. Wie ist die gesamte Atmosphäre in Ost-Berlin?
10. Warum ist die Atmospäre in Ost-Berlin so?
11. Wie sind die Autos in Ost-Berlin?
12. Wo befinden sich viele Geschäfte in Ost-Berlin?
13. Wie ist die Lebensqualität auf der Ebene der Kultur in der DDR im Vergleich zu westlichen Ländern?
14. Was läßt sich über die kulturellen Institutionen im Osten sagen?
15. Wie sind die Preise für Eintrittskarten im Osten?
16. Warum sind die Preise im Westen teurer?
17. Was sind z.B. andere wichtige Punkte bei einem Vergleich der Lebensqualität im Osten und im Westen?
18. Was läßt sich vielleicht über den Unterschied zwischen dem Osten und dem Westen in der Zukunft sagen?

GRAMMATIKALISCHE ERKLÄRUNGEN

1. Comparison of Adjectives and Adverbs

a. As a general rule, the comparative is formed by adding -er[1], and the superlative is formed by adding -(e)st to the positive form:

langsam	langsam**er**	langsam**st-**
frisch	frisch**er**	frisch**est-**
berühmt	berühmt**er**	berühmt**est-**

In addition, the stem vowel in most common monosyllabic adjectives is umlauted:

alt	älter	ältest-
kurz	kürzer	kürzest-

Note the following irregular forms:

groß	größer	größt-
gut	besser	best-
hoch	höher	höchst-
nah	näher	nächst-
viel	mehr	meist-

b. If used as *attributive adjectives,* the comparative and superlative take endings according to the rules discussed in Chapter 1:

ein größeres Auto; das größte Auto

If used as *predicative adjective* or as *adverb,* the comparative does not take endings:

---

1. Note that **dunkel, teuer, trocken** (*dry*) form the following comparatives: **dunkler, teurer, trockner.**

Das Auto ist **teurer** und fährt **schneller.**

The superlative is used with **am** and the ending **-en:**

Dieses Auto ist **am** teuer**sten** und fährt **am** schnellst**en.**

Note the irregular comparison of the adverb **gern:**

Er fährt **gern** mit dem Auto.
Sie fährt **lieber** mit dem Bus.
Wir fahren **am liebsten** mit dem Zug.

ANWENDUNG

Fügen Sie die richtige Form des Positivs, Komparativs und Superlativs ein:

  1. (groß)

     Afrika ist ein _____ Kontinent.
     Amerika ist ein _____ Kontinent.
     Asien ist der _____ Kontinent.

  2. (teuer)

     Eine Reise mit dem Auto ist _____ .
     Eine Reise mit dem Zug ist _____ .
     Eine Reise mit dem Flugzeug ist _____ .

  3. (gern)

     Zu einem Fußballspiel gehe ich _____ .
     Ins Museum gehe ich _____ .
     Ins Theater gehe ich _____ .

  c. If *equal terms* are compared, **so** + positive + **wie** is used:

Das eine Auto fährt **so schnell wie** das andere.
The one car goes as fast as the other one.

If *unequal terms* are compared, the comparative + **als** is used:

Dieses Auto ist **teurer als** das andere.
This car is more expensive than the other one.

To indicate a *progressive increase,* **immer** + comparative is used:

Das Auto fuhr **immer schneller.**
The car went faster and faster.

ANWENDUNG

Sagen Sie auf deutsch:

  1. This museum is as good as the other one.
  2. The theater in East Berlin is better than in West Berlin.

3. Only few articles become cheaper and cheaper.

2. Adjectives Used as Nouns

a. Adjectives and participles may be used as nouns. They are capitalized and take weak or strong adjective endings according to the rules discussed in Chapter 1:

der Deutsche; ein Deutscher
der Kranke; ein Kranker *(sick person)*
der Reisende; ein Reisender
der Angeklagte; ein Angeklagter *(defendant)*

b. Following **etwas, mehr, nichts, viel, wenig,** adjectives used as neuter nouns take *strong* endings; following **alles,** they take *weak* endings:

Ich habe in Ost-Berlin **viel** Interessantes gesehen.
Er hat mir schon **alles** Wichtige von der Reise erzählt.

ANWENDUNG

Fügen Sie die richtig Endung ein:

1. Ich habe mich mit einem Deutsch ___ unterhalten.
2. In Berlin trifft man Reisend ___ aus der ganzen Welt.
3. Sie hat die Krank ___ *(pl.)* besucht.
4. Wir versuchten alles Möglich ___ .
5. Es gab nur wenig Neu ___ .

ÜBUNGEN

A. *Fügen Sie die richtige Form des Komparativs ein:*

1. Die _____ Autos sieht man in Ost-Berlin. (klein)
2. Österreich ist ein _____ Reiseziel als die BRD. (beliebt)
3. _____ Bier trinkt er lieber. (kalt)
4. Die _____ Zuschauer schreien und pfeifen. (fanatisch)
5. Ein Porsche fährt _____ als ein VW. (schnell)
6. Ich kenne kein _____ System. (gut)
7. Fußball ist ein _____ Sport als Basketball. (beliebt)
8. Dieser Fernseher ist schon _____ . (alt)
9. Meine Urlaubsreise in diesem Jahr war _____ als vor einem Jahr. (kurz)
10. Der Fußballspieler lief immer _____ . (langsam)
11. Den _____ Lebensstandard gibt es in der BRD. (hoch)
12. Hamburg ist _____ als München. (nah)
13. Sie spricht _____ Deutsch. (gern)
14. Frankreich ist ein _____ Reiseland als Österreich. (teuer)

15. _____ Eintrittskarten gibt es in Ost-Berlin. (billig)

B. *Fügen Sie die richtige Form des Superlativs ein:*

1. Der Februar ist der _____ Monat des Jahres. (kurz)
2. Der 21. Juni ist der _____ Tag im Jahr. (lang)
3. Fußball ist der _____ Sport in Deutschland. (beliebt)
4. Sie trinkt ___ _____ dunkles Bier. (gern)
5. Die Schweiz ist das _____ der vier Länder. (klein)
6. Eine Reise mit dem Bus ist ___ _____ . (bequem)
7. Der Porsche ist eines der _____ Autos. (schnell)
8. Ferne Länder sind für mich ___ _____ . (interessant)
9. Der Kölner Dom ist die _____ Kirche in Deutschland. (berühmt)
10. Deutsch ist nicht die _____ Sprache. (schwer)
11. Frischer Kaffee ist ___ _____ . (gut)
12. Der Januar ist der _____ Monat. (kalt)
13. In Prag ist die _____ deutschsprachige Universität. (alt)
14. Berlin ist die _____ Stadt in Deutschland. (groß)
15. Am Kurfürstendamm sind die _____ Geschäfte. (viel)

C. *Fügen Sie die richtige Endung ein:*

1. Der Angeklagt___ sagte nicht viel.
2. Die Reisend___ unterhielten sich über das Museum.
3. Der Krank___ sah den ganzen Tag fern.
4. Deutsch___ fahren gern in den Urlaub.
5. Ich esse gern etwas Frisch___ .
6. Er erzählte nichts Wichtig___ .
7. Auf einer Reise sieht man viel Ungewöhnlich___ .
8. Wir verstanden alles Wichtig___ .

D. *Übersetzen Sie ins Englische:*

1. Ich gehe immer zu Fuß zur Universität.
2. Als ich in Ost-Berlin war, habe ich u.a. das Pergamon-Museum besucht.
3. Die Lebensqualität auf der Ebene der Kultur ist, wie gesagt, in der DDR höher als in der BRD.
4. Ost-Berlin erweckt z.T. den Anschein, als ob es dort ereignisloser ist als in West-Berlin.
5. Wir haben uns mehr oder weniger an das kapitalistische System gewöhnt.

E. *Sagen Sie auf deutsch:*

1. Austria is a larger country than Switzerland.

2. Admission tickets for cultural events become more and more expensive.
3. Is one system as good as the other one?
4. Cars in East Berlin are smaller than in West Berlin.
5. The quality of life on the cultural level is as important as the quality of life on the level of consumer goods.

GESPRÄCHSTHEMEN

1. Welche Unterschiede gibt es zwischen Ost-Berlin und West-Berlin?
2. Warum ist die Lebensqualität auf der Ebene der Kultur in der DDR höher?
3. Wie wichtig sind Konsumgüter für die Lebensqualität?
4. Welches sind andere wichtige Punkte für einen Vergleich der Lebensqualität im Osten und im Westen?

KLEINE AUFSATZTHEMEN

1. Warum nennt man die DDR einen sozialistischen Staat?
2. Ein Besuch in einem sozialistischen Land.
3. Finden Sie das kapitalistische oder das sozialistische System besser?

VOKABULAR

der **Abend, -e** evening
alt alt
der **Angeklagte, -n (ein Angeklagter)** defendant
der **Anschein** impression
die **Antwort, -en** answer
der **Anzug, ˜e** suit
arm poor
die **Atmosphäre, -n** atmosphere
auf-fallen, fällt, fiel, ist aufgefallen to occur to
auf-nehmen, nimmt, nahm, aufgenommen to take up
aus-gehen von, ging, ist ausgegangen to consider
die **Ausreise, -n** departure
außerdem besides
aus-stellen to exhibit
der **Autoverkehr** car traffic
die **Beliebtheit** popularity
sich bemerkbar machen to become noticeable

bemerken to notice
beschreiben, beschrieb, beschrieben to describe
bestenfalls at best
der **Besuch, -e** visit
der **Besucher, -** visitor
der **Beweis, -e** proof
bezeichnen to denote, call
daher therefore
dennoch nevertheless
das **Ding, -e** thing
dunkel dark
die **Ebene, -n** level, plain
eigentlich actually
einfach simple
die **Einreise, -n** arrival
die **Eintrittskarte, -n** admission ticket
enorm enormous
ereignislos uneventful
erhältlich available
erwecken to give rise to
fabelhaft fabulous

der **Fall, ⁻e** case
die **Farbe, -n** color
    fest·stellen to notice
    flüchtig in passing, quickly
    früher formerly
der **Fußgänger, -** pedestrian
der **Gegensatz, ⁻e** contrast
    gering little, small
    gesamt total
das **Geschäft, -e** store
    gewöhnt sein to be accustomed to
    grau grey
    grell bright, glaring
der **Grund, ⁻e** reason
die **Gruppe, -n** group
    häufig frequently
    hervorragend excellent
    hierfür for this
    hinein-gehen, ging, ist hineingegangen to go into
    hoch high
die **Institution, -en** institution
    jeweils respectively
    kapitalistisch capitalistic
    klar clear
das **Kleid, -er** dress
die **Kleidung** clothing
    kompliziert complicated
der **Kranke, -n (ein Kranker)** sick person
    langsam slow
die **Lebensqualität** quality of life
der **Lebensstandard** standard of living
der **Luxus** luxury
der **Mantel, ⁻** coat
das **Museum, Museen** museum
    musikalisch musical
der **Nachmittag, -e** afternoon
    nennen, nannte, genannt to name, to call
    niedrig low

der **Norden** north
    paar few
der **Preis, -e** price
der **Punkt, -e** point; area
die **Qualität, -en** quality
    reich rich
    scharf severe
das **Schaufenster, -** display window
    scheinen, schien, geschienen to appear
der **Schnitt, -e** cut
der **Schritt, -e** step
    sofort at once
    sogenannt so-called
    spätestens at the latest
    staatlich public; national
die **Subvention, -en** subsidy
    subventionieren to subsidize
der **Süden** south
die **Symphonie, -n** symphony
das **System, -e** system
das **Theater, -** theater
    trocken dry
    überhaupt at all
    ungewohnt unusual
die **Unternehmung, -en** enterprise; undertaking
der **Unterschied, -e** difference
die **Veranstaltung, -en** event
    vielleicht perhaps
    voran-gehen, ging, ist vorangegangen to take place
die **Ware, -n** merchandise
    wenig little; few
    westlich western
    wirken to appear
die **Wirklichkeit** reality
    zweifellos without doubt
die **Zukunft** future
    zusammen-hängen mit, hing, zusammengehangen to be caused by

6 Wien, die Stadt des Alten und des Neuen

Wenn man heute als Ausländer Wien besucht, kann man nicht nur die
Hauptstadt der modernen Bundesrepublik Österreich kennenlernen,
sondern auch die Haupt- und Residenzstadt[1] eines viele Völker um-
fassenden Reiches, der ehemaligen[2] kaiserlichen und königlichen (k.
u. k.) Donaumonarchie[a]. Im allgemeinen verbindet man mit Österreich   5
eine amüsante Mischung aus Wintersport, Kaiserschmarrn[b] und
Walzermusik. Obwohl diese Merkmale tatsächlich sehr typisch sind,
haben Österreich und die Donaustadt sehr viel mehr zu bieten.

Die lange und wechselhafte[3] Geschichte Österreichs hat überall in
Wien ihre Spuren hinterlassen. Die Verbindung von vergangener   10
Größe und unsterblichem Wiener Charme[4] läßt Wien als die
„österreichischste" aller Städte erscheinen, und dieser einmaligen
Stimmung kann sich auch der ausländische Besucher nicht entziehen[5].

Versuchen wir, die Erinnerungen und Eindrücke dieses Besuchers
ein wenig mitzuerleben. Wenn ihm der Ober eines Wiener   15
Kaffeehauses mit seinem diensteifrigen[6]: „Küß die Hand, gnä' Frau!
Habe die Ehre, der Herr!"[c] die Melange[d] und das Glas Wasser bringt,
muß er sicher an die zweite erfolglose Belagerung[7] der Stadt durch die
Türken im Jahr 1683 denken. Denn für die Wiener brachte dieses
Ereignis die Bekanntschaft mit dem von den Türken zurückgelassenen   20
Kaffee und die nachfolgende Einrichtung der Kaffeehäuser; für das
christliche Abendland bedeutete es die erfolgreiche Zurückweisung[8]
des mohammedanischen[9] Angriffs.

Aber dies war nicht der Anfang der Geschichte Wiens. Die Daten aus
der früheren Zeit sind unserem Besucher, einem typischen Bildungs-   25
reisenden[10], natürlich aus dem Reiseführer genau bekannt: die ersten
historischen Anfänge gehen bis auf mehrere Jahrhunderte vor Christus
zurück. Im ersten Jahrhundert vor Christi Geburt kamen die Römer an

---

1. seat of the court.   2. former.   3. changing.   4. grace.   5. evade.   6. obliging.   7.
siege.   8. repulsion.   9. islamic.   10. intellectual traveler.

Wien

Kaffehaus Demel

Staatsoper

die Donau und erbauten in der Gegend der heutigen Innenstadt Wiens
ein Kastell[11] mit dem Namen Vindobona. Später hinterließen andere   30
Völker wie z.B. die Goten, Vandalen und Hunnen[12] ihre Spuren. Im Jahr
1529 fand die erste erfolglose Belagerung der Stadt durch die Türken
statt; 1556 wurde Wien habsburgische Kaiserstadt.[e]

Ungefähr zur Zeit der zweiten Belagerung im Jahr 1683 begann Wien
sein Gesicht zu wandeln[13]: die barocke Architektur verdrängte[14] die   35
mittelalterlich-gotischen Züge[15] der Stadt. In dieser Zeit ließen die
Kaiser und die Kaiserin Maria Theresia (1740–1780) überall innerhalb
und außerhalb der Stadt elegante Schlösser und Paläste bauen.

In den Jahren 1805 und 1806 besetzte Napoleon die Stadt, und
1814/15 tagte[16] hier der berühmte Wiener Kongreß mit dem Ziel, die   40
Ordnung in Europa wiederherzustellen. Die Industrialisierung
Österreichs und Osteuropas hatte begonnen. Wien erlebte eine ein-
malige kulturelle, politische und wirtschaftliche Blütezeit[17]. Der
Einfluß der Stadt erstreckte[18] sich über ganz Europa. Berühmte Namen
wie Beethoven, Schubert und Johann Strauß in der Musik und Grill-   45
parzer, Raimund und Nestroy[f] in der Dichtung kommen einem sofort
in den Sinn.

Das 20. Jahrhundert sollte für ganz Europa und damit auch für
Österreich und seine Hauptstadt einschneidende Umstellungen[19]
bringen. Im Jahr 1918, nach dem Ersten Weltkrieg, brach die   50
Donaumonarchie zusammen, und aus der Metropole[20] eines
außerordentlich bedeutenden und multinationalen[21] Reiches wurde
die Hauptstadt eines Kleinstaates[22]. Jetzt machten die Einwohner
Wiens zwei Drittel der Gesamtbevölkerung[23] Österreichs aus. 1938 kam
der Anschluß[g], und bis 1945 war Österreich Teil des Großdeutschen   55
Reiches[h]. Am Ende des Zweiten Weltkrieges eroberte die sowjetische
Armee Wien, und die Stadt war bis 1955 ein Besatzungsgebiet[24] der vier
Alliierten. Aber seit diesem Jahr, dem Jahr des Staatsvertrages[i] zwischen Österreich und der Sowjetunion, kann Wien wieder als
Treffpunkt[25] für Europäer aus dem Osten und Westen dienen. Über   60
Europa hinaus ist Wien als Tagungsort[26] für internationale Konferen-
zen und z.B. als Sitz der Internationalen Atom-Energie Behörde[27]
wichtig.

Natürlich hat unser Besucher Wiens festgestellt, daß die Donau
heutzutage nicht mehr so blau ist, wie es der Titel eines berühm-   65
ten Wiener Walzers[28] von Johann Strauß verspricht. Wien ist auch

---

11. fort. 12. Goths, Vandals and Huns. 13. to change. 14. pushed aside. 15.
features. 16. met. 17. flourishing time. 18. extended. 19. changes. 20.
metropolis. 21. multinational. 22. small state. 23. total population. 24. occupied
territory. 25. meeting point. 26. meeting place. 27. International Atomic Energy
Agency. 28. waltz.

nicht mehr das politische Machtzentrum²⁹ Europas. Aber mit seinen
Theatern, Konzertsälen und Museen ist und bleibt es ein kultureller
Mittelpunkt mit einer unvergleichlichen Anziehungskraft³⁰. So ist es
sicher zu einem großen Teil der Stadt Wien zu verdanken³¹, daß ganz
Österreich eine "touristische Großmacht"³² geworden ist: es hat eine
der höchsten Tourismus-Deviseneinnahmen³³ in der Welt. 70

Dies alles mag unserem Besucher durch den Kopf gehen, während er
im Kaffeehaus sitzt. Nachdem er auch die letzte Zeitung gelesen hat
und auch das letzte Glas Wasser getrunken hat, beschließt er vielleicht, 75
diesen Tag in Wien mit einem Abend in Grinzingʲ zu beenden. Hier
kann man den berühmten Heurigen trinken. Das Wort „heurig"
bedeutet diesjährig, d.h. der Heurige ist ein junger Wein in seinem
ersten Jahr. Und bei einem Glas Heurigen und einem Backhendl³⁴
scheint für unseren Freund die Zeit stehenzubleiben, als auf der Zither 80
ein altes Wiener Lied anklingt³⁵.

Bemerkungen

a. **k. u. k. (kaiserlich und königlich):** Imperial (Austria) and Royal (Hungary)
   Monarchy on the Danube; from 1867 until its dissolution in the year 1918,
   this was the official name of the Habsburg monarchy.
b. Specialty of Vienna, an omelet made of many eggs, sugar, raisins, heavy
   cream, flour, and brandy.
c. Viennese waiters have a tendency to address everybody by an impressive
   title.
d. Mixture of coffee and milk.
e. The House of Habsburg goes back almost a thousand years; its first family
   castle was built in Switzerland, near Brugg, in 1020.
f. Ludwig van Beethoven (1770–1827); Franz Schubert (1797–1828); Johann
   Strauß, der Walzerkönig (1825–1899); Franz Grillparzer (1791–1827); Fer-
   dinand Raimund (1790–1836); Johann Nestroy (1801–1862).
g. The word **Anschluß** (annexation) has become a specific term in the English
   language, referring to the union of Austria and Hitler-Germany in 1938.
h. Used since 1938, "Großdeutsches Reich" became the official name of
   Germany during World War II. The formation of a "Greater Germany," one
   state for all Germans, including Austria, had been a political movement in
   both countries since the middle of the 19th century.
i. This state treaty between Austria and France, Great Britain, the Soviet
   Union, and the United States restored the sovereignty of Austria; it forbids
   a political or economical union with Germany. After the signing of the
   treaty, the Allies withdrew their armed forces from Austria, and Austria
   declared its permanent military neutrality.
j. A suburb northwest of Vienna, Grinzing is famous for its wine restaurants.

---

29. center of power.   30. power of attraction.   31. it is owed to.   32. great power.   33.
revenues in foreign currencies from tourism.   34. fried chicken.   35. resounds.

Wichtige Redewendungen und Konstruktionen

vor Christus	*before Christ*
vor Christi Geburt	*before the birth of Christ*
es kommt einem in den Sinn	*it comes to one's mind*
es geht mir durch den Kopf	*it crosses my mind*

Fragen

1. Was lernt man kennen, wenn man heute Wien besucht?
2. Was verbindet man im allgemeinen mit Österreich?
3. Warum erscheint Wien als die österreichischste aller Städte?
4. Was sagt ein diensteifriger Ober in Wien?
5. Wann war die zweite Belagerung Wiens durch die Türken?
6. Warum ist dieses Jahr wichtig?
7. Wann kamen die Römer nach Wien?
8. Wann wurde Wien habsburgische Kaiserstadt?
9. Wer war Maria Theresia?
10. Wann tagte der Wiener Kongreß?
11. Welches Ziel hatte der Wiener Kongreß?
12. Welche Stadt ist der Sitz der Internationalen Atom-Energie Behörde?
13. Wie heißt der Titel eines berühmten Walzers von Johann Strauß?
14. Was ist der Heurige?
15. Wo kann man den Heurigen trinken?

GRAMMATIKALISCHE ERKLÄRUNGEN

1.   Modal Auxiliaries

a. The present-tense forms of the modal auxiliaries are irregular:

	dürfen	können	mögen	müssen	sollen	wollen
	be allowed to	*able to*	*like to*	*have to*	*ought to*	*want to*[1]
ich	darf	kann	mag/möchte	muß	soll	will
du	darfst	kannst	magst/möchtest	mußt	sollst	willst
er						
sie	darf	kann	mag/möchte	muß	soll	will
es						
wir	dürfen	können	mögen/möchten	müssen	sollen	wollen
ihr	dürft	könnt	mögt/möchtet	müßt	sollt	wollt
sie	dürfen	können	mögen/möchten	müssen	sollen	wollen
Sie	dürfen	können	mögen/möchten	müssen	sollen	wollen

---

1. These are the principal meanings; other meanings are given in the Vocabularies.

The past tense forms follow the pattern of regular weak verbs:

ich	durfte	konnte	mochte		mußte	sollte	wollte

b. Infinitives depending on modal auxiliaries are used without **zu** (*to*). The infinitive is at the end of the clause:

Ich **kann** eine deutsche Zeitung **lesen.**
I can read a German newspaper.
Ich **muß** nach Hause **gehen.**
I have to go home.

c. Often an infinitive is understood without being expressed:

Ich **will** nach Hause [**gehen**]. *I want to go home.*

d. A derivative of **mögen** – meaning "would like" – is frequently used in the present tense to express polite wishes and inquiries:

Ich **möchte** eine Zeitung.
I would like to buy a newspaper.
Möchten Sie noch ein Bier?
Would you like another beer?

Note: The past participles of modal auxiliaries have the same form as the infinitive if there is another infinitive depending on the modal auxiliary (*double infinitive construction*):

Ich habe nach Hause **gehen wollen.**
I wanted to go home.

If there is no infinitive depending on the modal auxiliary, the regular form of the past participle is used:

Ich **habe** nach Hause **gewollt.**
I wanted to go home.

ANWENDUNG

Fügen Sie die richtige Form des Modalverbs in der angegebenen Zeit ein:

1. Ich _____ das Fußballspiel sehen. (wollen [present])
2. Er _____ eine Zeitung kaufen _____ . (sollen [pres. perf.])
3. Er _____ das nicht _____ . (können [pres. perf.])
4. Ich _____ kein Bier trinken. (mögen [present])
5. Wir _____ es nicht _____ . (dürfen [pres. perf.])
6. Wir _____ einen Aufsatz schreiben. (müssen [past])

2. Infinitive Constructions with zu

a. Infinitives depending on verbs other than modal auxiliaries are used with **zu**; they are at the end of the clause.

Er **versprach zu kommen** und nicht sofort **zurückzugehen.**
He promised to come and not to return at once.

Note, however, that infinitives depending on **fühlen** (*to feel*), **hören** (*to hear*), **lassen** (*to let*) and **sehen** (*to see*) are used without **zu**:

Ich **sehe** ihn **kommen.**
I see him coming.

b. Frequently used infinitive constructions with **zu** are **anstatt zu** ... (*instead of* ...),**ohne zu** ... (*without* ...) and **um zu** ... (*in order to* ...):

Anstatt zu fliegen, fuhr er mit seinem Auto.
Instead of flying, he drove with his car.
Er sah das Spiel, **ohne** es **zu verstehen.**
He saw the play without understanding it.
Er spart Geld, **um** in die Schweiz **zu fahren.**
He saves money in order to go to Switzerland.

ANWENDUNG

Verbinden Sie die beiden Sätze mit einer Infinitivkonstruktion:

1. Ich höre den Schiedsrichter. Der Schiedsrichter pfeift.
2. Ich sehe den Spieler. Der Spieler läuft über das Feld.
3. Sie fährt nach Ost-Berlin. (um ... zu ...) Sie besucht ein Museum.
4. (anstatt ... zu ...) Wir gehen in ein Kaffeehaus. Wir fahren nach Grinzing.
5. Viele Leute fahren in den Urlaub. (ohne ... zu ...) Sie erholen sich.

ÜBUNGEN

A. *Fügen Sie die richtige Form des Modalverbs in der angegebenen Zeit ein:*

1. In Wien _____ man viele interessante Dinge sehen. (können [present])
2. Ich _____ ins Theater gehen. (wollen [past])
3. Wir _____ es nicht _____ . (wollen [pres. perf.])
4. Er _____ viel Geld für die Reise bezahlen. (müssen [past])
5. In Grinzing _____ wir Heurigen trinken. (wollen [present])
6. Sie _____ kein Bier trinken. (mögen [past])
7. Der Tourist _____ sich der Stimmung Wiens nicht entziehen. (können [past])
8. Wir _____ kein Deutsch sprechen _____ . (können [pres. perf.])
9. Er _____ nicht in die DDR fahren. (dürfen [present])

10. In Wien _____ man ein Kaffeehaus besuchen. (müssen [present])
11. Der Kranke _____ keinen Wein trinken. (dürfen [past])
12. _____ Sie nach Europa fahren? (mögen [present])
13. Er _____ eine Zeitung kaufen. (sollen [past])
14. Man _____ nicht zuviel Bier trinken. (sollen [present])
15. Wir _____ es nicht _____. (dürfen [pres. perf.])

B. *Bilden Sie Sätze mit den gegebenen Satzelementen:*

1. (ein Tor schießen) Ein Spieler versucht, ...
2. (schreien und pfeifen) Man hört die Zuschauer ...
3. (sich unterhalten) Sie fangen an ...
4. (mit dem Kopf stoßen) Ich sehe den Spieler den Ball ...
5. (stehen) Er läßt den Torwart ...
6. (wachsen [grow]) Ich fühle die Spannung der Zuschauer ...
7. (kennen) Ich glaube, seine Strategie ...
8. (verstehen) Ich beginne, ihn ...
9. (verlieren) Unsere Mannschaft hat nichts ...
10. (gewinnen) Sie scheint ...

C. *Verbinden Sie die beiden Sätze mit einer Infinitivkonstruktion:*

1. Die Zuschauer versammeln sich. (um ... zu ...) Sie sehen das Spiel.
2. (ohne . . . zu . . .) Er berührte den Ball mit den Füßen. Der Fußballspieler schoß ein Tor.
3. (anstatt ... zu ...) Ich ging zur Kirche. Ich fuhr zum Stadion.
4. Die BRD und die DDR wünschen verbesserte Beziehungen. (um ... zu ...) Sie leben friedlich nebeneinander.
5. Vielleicht wollen die Deutschen die Wiedervereinigung. (ohne ... zu ...) Aber sie glauben an diese Möglichkeit.
6. Beide Staaten sind ihre Wege gegangen. (ohne ... zu ...) Sie verfolgen die gemeinsamen Interessen.
7. Ich fahre in den Urlaub. (um ... zu ...) Ich erhole mich.
8. (anstatt ... zu ...) Er machte eine Ferienreise mit dem Zug. Er fuhr mit dem Bus zu seinem Reiseziel.
9. Man kann keine langen Reisen in ferne Länder machen. (ohne zu ...) Man spart.
10. (um . . . zu . . .) Wir sahen die Hauptstadt eines sozialistischen Staates. Wir fuhren nach Ost-Berlin.
11. Man soll Ost-Berlin nicht besuchen. (ohne ... zu ...) Man geht ins Theater.
12. (anstatt ... zu ...) Man nennt nur die Unterschiede zwischen Ost und West. Man kann die gemeinsamen Merkmale feststellen.
13. Wir gingen in ein Kaffeehaus. (um . . . zu . . .) Wir tranken eine Melange.

14. Die Türken belagerten (*besieged*) Wien. (ohne . . . zu . . .) Sie eroberten die Stadt.
15. (anstatt . . . zu . . .) Ich fahre nach Grinzing. Ich gehe lieber ins Konzert.

D. *Übersetzen Sie ins Englische:*

1. Viele Fragen gingen mir durch den Kopf.
2. Die Anfänge Wiens liegen weit vor Christi Geburt.
3. Der Besucherin aus dem Ausland kam ein Lied aus dem letzten Jahrhundert in den Sinn.
4. Wir mußten nach Hause.
5. Wir wollten einen Kaffee trinken.
6. Sie konnten es nicht.
7. Er mochte kein Bier.
8. Wir durften das Museum besuchen.
9. Er sollte eine Zeitung kaufen.
10. Mußtet ihr wirklich soviel Geld bezahlen?

E. *Sagen Sie auf deutsch:*

1. In the first century before Christ, there was a Roman fort in Vienna.
2. The Danube does not seem to be as blue as one hundred years ago.
3. I hear someone playing a song.
4. Without knowing Vienna I found the museum.
5. She tries to understand the history of Vienna.
6. I don't like beer.
7. She wants to hear the concert.
8. The player starts to play a song.
9. She cannot go to Europe next year.

GESPRÄCHSTHEMEN

1. Was verbinden Sie mit Österreich?
2. Welche österreichischen Dichter und Musiker kennen Sie?
3. Warum besetzten die Alliierten Wien nach dem Zweiten Weltkrieg? *occupied*
4. Warum ist Wien ein Treffpunkt zwischen dem Osten und Westen?
5. Warum ist Österreich eine touristische Großmacht?

KLEINE AUFSATZTHEMEN

1. Das moderne Wien.
2. Ein Besuch in Wien.
3. Die Geschichte Wiens.

VOKABULAR

das **Abendland** occident
der **Alliierte, -n** ally
   amüsant amusing, entertaining
der **Anfang, ⁓e** beginning
der **Angriff, -e** attack
   anstatt instead; **anstatt zu** instead
   of
die **Architektur, -en** architecture
die **Armee, -n** army
der **Ausländer, -** foreigner
   ausländisch foreign
   barock baroque
   bauen to build
   bedeuten to mean
   beenden to end
die **Bekanntschaft, -en** acquaintance
   belagern to besiege
   beschließen, beschloß, beschlossen
   to decide
   besetzen to occupy
   bieten, bot, geboten to offer
   blau blue
   bleiben, blieb, ist geblieben to stay,
   remain
   bringen, brachte, gebracht to bring
   christlich Christian
   damit therefore
das **Datum, Daten** date
der **Dichter, -** poet
die **Dichtung, -en** literature
   dienen to serve
   diesjährig of the year
die **Donau** Danube
   dürfen, darf, durfte, gedurft may, to
   be allowed to
der **Eindruck, ⁓e** impression
der **Einfluß, ⁓sse** influence
   einmalig unique
die **Einrichtung, -en** institution
   elegant elegant
   erbauen to build
das **Ereignis, -se** event
   erfolglos futile
   erfolgreich successful
die **Erinnerung, -en** memory
   erleben to experience
   erobern to conquer
   erscheinen, erschien, ist erschienen
   to appear
der **Europäer, -** European (*noun*)
   folgen, ist gefolgt to follow
der **Freund, -e** friend
   fühlen to feel
   ganz all
die **Geburt, -en** birth

die **Gegend, -en** area
   genau exact
das **Gesicht, -er** face
   gotisch gothic
die **Größe, -n** greatness, size
   hinaus beyond
   hinterlassen, hinterläßt, hinterließ,
   hinterlassen to leave behind
   historisch historical
   hören to hear
die **Industrialisierung, -en** industrialization
die **Innenstadt, ⁓e** inner city
das **Jahrhundert, -e** century
   jetzt now
   jung young
der **Kaiser, -** emperor
die **Konferenz, -en** conference
   können, kann, konnte, gekonnt can,
   be able to
der **Konzertsaal, -säle** concert hall
   letzt- last
das **Lied, -er** song
das **Merkmal, -e** characteristic
die **Mischung, -en** mixture
   mit-erleben to experience
   mittelalterlich medieval
der **Mittelpunkt, -e** center
   modern modern
   mögen, mag/möchte, mochte,
   gemocht to like, want to
die **Monarchie, -n** monarchy
die **Musik** music
der **Musiker, -** musician
   müssen, muß, mußte, gemußt to have
   to
   nachdem after
   nachfolgend resulting
der **Name, -n** name
   neu new
der **Ober, -** waiter
   ohne without; **ohne zu**
   without
die **Ordnung** order
der **Palast, ⁓e** palace
das **Reich, -e** empire
der **Reiseführer, -** travel guide
der **Römer, -** Roman
das **Schloß, ⁓sser** castle; lock
der **Sitz, -e** seat
   sollen, soll, sollte, gesollt to be supposed to, shall
   sowjetisch Soviet
   spät late
die **Spur, -en** trace

die **Stimmung, -en** mood
tatsächlich actually
der **Teil, -e** part
der **Titel, -** title
der **Türke, -n** Turk
überall everywhere
um zu in order to
umfassen to include
unsterblich immortal
unvergleichlich incomparable
die **Verbindung, -en** combination; connection
vergangen past
versprechen, verspricht, versprach, versprochen to promise
versuchen to try
wachsen, wächst, wuchs, ist gewachsen to grow

der **Walzer, -** waltz
das **Wasser, -** water
der **Weltkrieg, -e** world war
wiederherstellen, stellt wieder her, wiederhergestellt to reconstruct
der **Winter, -** winter
wollen, will, wollte, gewollt to want to
das **Wort, -er** word
das **Ziel, -e** goal
zurück-gehen auf, ging, ist zurückgegangen to date back; to go back
zurück-lassen, läßt, ließ, zurückgelassen to leave behind
zusammen-brechen, bricht, brach, ist zusammengebrochen to collapse

7 Die Arbeitslosigkeit in der BRD und einige ihrer Ursachen

Die Bundesrepublik, die bestimmt zu den reichsten und wirtschaftlich stärksten Ländern der Welt gehört, steht ähnlichen Problemen wie alle anderen westlichen Länder gegenüber[1]. Woran man denkt, sind Dinge wie Umweltverschmutzung[2], Inflation und Minderheiten[a]. Das Problem jedoch, das wahrscheinlich einen größeren Einfluß auf die gesamte wirtschaftliche und politische Lage eines jeden Landes ausübt, ist der Mangel an Arbeitsplätzen. 5

In der BRD ist der Prozentsatz der Arbeitslosen innerhalb weniger Jahre von 0,7% (1970) bis auf 4,4% (1977) gestiegen; d.h. es gibt ca. 1 Million Menschen, die keine Arbeit finden. Das eigentliche Problem 10 scheint jedoch noch bevorzustehen. Denn in den nächsten Jahren ist damit zu rechnen, daß die geburtenstarken[3] Jahrgänge einen weiteren Druck auf den Arbeitsmarkt ausüben werden. Nach allen demographischen Voraussagen wird nämlich die Gesamtbevölkerung der BRD schrumpfen[4], während die Anzahl der Arbeitsfähigen bis in die späten 15 achtziger Jahre ansteigen wird.

Dabei läßt sich natürlich das Problem der Arbeitslosigkeit nicht für alle Wirtschaftszweige[5] verallgemeinern. In einzelnen Branchen wie z.B. in der Automobilindustrie, dem Baugewerbe[6] und dem Gaststättengewerbe[7] ist die Nachfrage immer noch größer als das 20 Angebot an Arbeitskräften. Typischer für das Gesamtbild sind aber sicherlich die Stahlindustrie oder das Tankstellengewerbe[8]. So hat man seit 1970 in der Bundesrepublik mehr als 15 000 Tankstellen geschlossen, wodurch 50 000 Arbeitsplätze verlorengegangen sind. Es wird heute wegen der Benzinpreise, die seit der Ölkrise im Jahr 1973 25 enorm gestiegen sind, wohl kaum noch Autofahrer geben, die nicht bereit sind, das Benzin eigenhändig[9] in den Tank zu füllen, wenn sie dadurch etwas Geld sparen können.

---

1. **steht ... gegenüber** confronts. 2. pollution. 3. with a high birth rate. 4. decline. 5. branches of the economy. 6. construction industry. 7. restaurant business. 8. gasstation business. 9. with their own hands.

Arbeitsamt Bonn: „Aufgabe . . ., Stellungen für Arbeitslose zu vermitteln . . ."

Aber obwohl es in der Bundesrepublik 1977 auch 200 000 bis 300 000
offene Stellen gab, ist der Gedanke, daß die Arbeitslosen „Drücke-   30
berger"[10] sind, ein Vorurteil, das weder die Arbeitsämter[b] noch die
Arbeitgeber bestätigt sehen. Denn auch wenn viele Arbeitnehmer
nicht allen Anforderungen entsprechen, wird man nicht davon ausgehen können, daß sie nicht arbeiten wollen.

Die Arbeitsämter in der BRD, deren Aufgabe es ist, Stellungen für   35
Arbeitslose zu vermitteln[11], geben aus der täglichen Praxis verschiedene Ursachen für eine erfolglose Vermittlung von Arbeitsplätzen an. Die Gründe, die mit den Arbeitslosen selbst zusammen-
hängen, sind die folgenden:

a. Eine große Anzahl von Arbeitslosen ist für die unbesetzten und   40
   angebotenen Stellen nicht qualifiziert; so haben über fünfzig
   Prozent aller Arbeitslosen keine abgeschlossene Berufsausbildung.
   Bei Arbeitslosen, die seit über einem Jahr nach einer Arbeitsstelle
   suchen, liegt der Prozentsatz der Unqualifizierten[12] noch höher.
b. Je älter die Arbeitslosen sind, um so geringer sind ihre Chancen,   45
   Arbeitsplätze zu finden; beinah zwanzig Prozent aller Arbeitslosen
   sind über vierzig Jahre alt.
c. Ungefähr fünfundzwanzig Prozent derer, die einen Arbeitsplatz
   suchen, sind in irgendeiner Weise gesundheitlich behindert.
d. Diejenigen, die nur nach einer Teilzeitbeschäftigung[13] suchen — hier 50
   handelt es sich hauptsächlich um Frauen, die neben der Führung
   des Familienhaushalts arbeiten wollen oder müssen — stellen fest,
   daß das Angebot bei weitem nicht die Nachfrage deckt.
e. Manche Arbeitslose haben bereits einmal oder mehrere Male einen
   Arbeitsplatz wegen mangelnder Zuverlässigkeit[14] verloren.   55
f. Ausländer, deren Qualifikationen häufig aufgrund fehlender
   Sprachkenntnisse ungenügend sind, finden es immer schwieriger,
   sich auf dem geschrumpften[15] Arbeitsmarkt zu bewerben.

Selbstverständlich sind die genannten Punkte nicht die einzigen
Ursachen für die Arbeitslosigkeit, sondern nur einige Gründe, warum   60
in vielen Fällen eine Arbeitsvermittlung erfolglos bleibt. Daneben gibt
es sicherlich Ursachen, die in der allgemeinen weltwirtschaftlichen
Entwicklung begründet sind.

Wer aber meint, daß die Arbeitslosigkeit nur ein Konjunkturproblem[16] ist, das sich mit der Zeit von selbst oder durch eine Vermehrung   65
der Arbeitsplätze lösen wird, glaubt wahrscheinlich an eine sehr
fragliche, wenn nicht falsche Theorie. Realistischer wird vielleicht die
Meinung sein, daß ein bestimmter Prozentsatz von Arbeitslosen für

---

10. shirkers.   11. arrange.   12. unqualified.   13. part-time job.   14. dependability.   15.
shrunken.   16. problem of economic cycles.

die Wirtschaft eines Landes „normal" ist; d.h. solange die Arbeitslo-
senquote[17] diesen bestimmten Prozentsatz nicht übersteigt, wird man   70
von Vollbeschäftigung[18] sprechen können.

Wenn diese Annahme stimmt, muß es dann nicht falsch und sogar
gefährlich sein, in jeder konjunkturellen Krise[19] zu versuchen, die Zahl
der Arbeitslosen durch Schaffung[20] neuer Arbeitsplätze zu vermindern? Ist die einzige Möglichkeit, einen Arbeitsplatz für jeden Ar-   75
beitswilligen[21] und Arbeitsfähigen bereitzustellen, dann nicht, die
vorhandenen Arbeitsplätze auf alle gerecht zu verteilen? Denn wenn
es insgesamt nicht mehr Arbeitsplätze für alle gibt, dann muß jeder
weniger arbeiten — der Einzelne wird also in Zukunft mehr Freizeit
haben.   80

Zwar können alle diese Theorien das Problem der *Arbeitslosigkeit* in
einem anderen Licht erscheinen lassen[22] — das Problem der *Arbeitslosen* aber ist damit noch nicht gelöst. Denn alles, was die meisten von
ihnen wollen, ist eine Stelle, um Geld zu verdienen. Von einer Lösung
dieses Problems aber wird man nicht sprechen können, bevor nicht   85
jeder, der arbeiten will und kann, einen Arbeitsplatz gefunden haben
wird.

Bemerkungen

a. In 1973 there were 2.6 million workers from foreign countries in West
   Germany (10.8% of all employed persons). They came mainly from Turkey
   (605 000), Yugoslavia (535 000), Italy (360 000) and, among other countries,
   from Greece, Spain, and Portugal.
b. There are employment agencies on local and state levels and on the Federal
   level. In addition to the job service, these agencies are responsible for the
   payment of unemployment compensation, the retraining of unemployed
   persons, and the rehabilitation of disabled workers.

Wichtige Redewendungen und Konstruktionen

es ist damit zu rechnen	*it can be anticipated*
man kann davon ausgehen	*it can be assumed*
das Angebot deckt die Nachfrage	*the supply meets the demand*
die genannten Punkte	*the above-mentioned points*

Fragen

1. Welchen Problemen steht die BRD gegenüber?

---

17. unemployment rate.   18. full employment.   19. economic crisis.   20. creation.   21.
person willing to work.   22. let appear in a different light.

2. Haben andere westliche Länder ähnliche Probleme?
3. Welches ist das Problem, das am wichtigsten ist?
4. Wieviele Menschen, die keine Arbeit fanden, gab es 1977 in der BRD?
5. Was sagen demographische Voraussagen über die Gesamtbevölkerung der BRD?
6. Was wissen Sie über den Arbeitsmarkt in der Automobilindustrie?
7. Warum sind im Tankstellengewerbe seit 1970 ungefähr 50 000 Arbeitsplätze verlorengegangen?
8. Wieviel offene Stellen gab es 1977 in der BRD?
9. Welche Aufgabe haben die Arbeitsämter?
10. Wieviel Prozent der Arbeitslosen haben keine abgeschlossene Berufsausbildung?
11. Warum finden Arbeitslose, die nach einer Teilzeitbeschäftigung suchen, keinen Arbeitsplatz?
12. Warum haben es Ausländer häufig schwer, eine Arbeit zu finden?
13. Meinen Sie, daß die Arbeitslosigkeit ein Konjunkturproblem ist, das sich mit der Zeit von selbst löst?
14. Wann kann man von Vollbeschäftigung in einem Staat sprechen?
15. Worin kann vielleicht eine Lösung des Problems der Arbeitslosigkeit bestehen?
16. Warum werden wir vielleicht in Zukunft mehr Freizeit haben?
17. Warum wollen die Arbeitslosen eine Arbeit?
18. Wann wird man von einer Lösung des Problems der Arbeitslosen sprechen können?

GRAMMATIKALISCHE ERKLÄRUNGEN

1.   Relative Pronouns and Relative Clauses

a. Forms:

1. The forms of the relative pronouns **der, die, das** are:

	MASC.	FEM.	NEUTER	PLURAL.
NOM.	der	die	das	die
ACC.	den	die	das	die
DAT.	dem	der	dem	denen
GEN.	dessen	deren	dessen	deren

Note that these forms are the same as those of the definite article, except for the dative plural and all genitive forms.

2. The forms of the indefinitive relative pronouns **wer, was** are:

NOM.	wer	was
ACC.	wen	was
DAT.	wem	-
GEN.	wessen	wessen

b. Uses:

The relative pronoun is always placed at the beginning of the relative clause. Since relative clauses are subordinated clauses, dependent word order has to be used.

1. The gender and the number of the relative pronouns **der, die, das** are determined by the word they refer to (the antecedent); their case is determined by their function in the relative clause:[1]

   Hier ist der Arbeitslose. Du hast den Arbeitslosen gesucht.
   Hier ist **der Arbeitslose, den** du gesucht hast.

2. The indefinite relative pronouns **wer** (for persons) and **was** (for things) are used when there is no antecedent:

   Wer dies meint, glaubt an eine falsche Theorie.
   Ich glaube dir, **was** immer du sagst.

   Furthermore, **was** is used to refer to an adjective used as a neuter noun, an indefinitive numerical adjective, and a complete clause:

   Das **Wichtigste, was** der Politiker gesagt hat, steht in der Zeitung.
   Alles, was er will, ist eine Arbeit.
   Man darf dieses Problem nicht verallgemeinern, was aber viele tun.

ANWENDUNG

Verbinden Sie die beiden Sätze mit einem Relativpronomen:

1. Ich kenne den Spieler. Der Spieler ist inzwischen berühmt geworden.
2. Die Arbeit muß interessant sein. Ich suche schon lange die Arbeit.
3. Der Politiker spricht über das Problem. Ich habe mich auch mit dem Problem beschäftigt (*occupied*).
4. Die Frau sucht eine Teilzeitbeschäftigung. Das Kind der Frau ist krank.
5. Ich erinnere mich (*remember*) nicht mehr an alles. Ich habe alles gelesen.

Fügen Sie die richtige Form des Relativpronomens ein:

1. Ich weiß nicht, _____ ich die Zeitung gegeben habe.
2. Es ist unwichtig, _____ Auto wir nehmen.

---

1. **Welcher, welche, welches** may also be used as relative pronouns.

3. An das Schönste, _____ ich im Urlaub erlebt habe, werde ich mich immer erinnern.
4. Vieles, _____ ich darüber gelesen habe, habe ich vergessen (*forget*)
5. In der Automobilindustrie gibt es mehr offene Stellen als Arbeitslose, _____ aber nicht typisch für das Gesamtbild ist.

2. Da- and Wo-Compounds

a. The **da-** and **wo**-compounds *are formed* with the prefixes **da(r)-** or **wo(r)-** and a preposition:

da + mit:	**damit**	**wo + bei:**	**wobei**
dar + in:	**darin**	**wor + auf:**	**worauf**

b. If the preposition refers to an object or idea, the **da**-compound replaces a preposition + pronoun construction:

Ich denke **an das Problem.** (Ich denke **an es.**)
Ich denke **daran.**

Correspondingly, the **wo**-compound may replace a preposition + **was** construction in questions:

Auf was freust du dich?
Worauf freust du dich?

Sometimes a **da**- or **wo**-compound may refer to the whole idea expressed in another clause:

Ich kann micht nicht **daran** erinnern, **daß ich das gesagt habe.**
Woran man sofort denkt, **sind Probleme wie Umweltverschmutzung und Inflation.**

ANWENDUNG

Benutzen Sie ein **da**- *oder* **wo**-*compound:*

1. Für eine erfolglose Vermittlung geben die Arbeitsämter folgende Gründe.
2. Sie sucht nach einer Teilzeitbeschäftigung.
3. Neben dieser Ursache gibt es noch andere Gründe.
4. An was glaubst du?
5. Mit dieser Theorie kann man das Problem der Arbeitslosen nicht lösen.
6. Von was sprichst du?

3. Future and Future Perfect Tenses

a. Future Tense:

1. The future tense is formed with the present-tense forms of the auxiliary **werden** and the infinitive of the main verb. The infinitive is at the end of a main clause:

Die Zahl der Arbeitsfähigen **wird** bis in die achtziger Jahre **ansteigen.**

2. Frequently, the future tense is used to express a probability in present time, especially with adverbs like **bestimmt, hoffentlich, sicher, vielleicht, wahrscheinlich** and **wohl.**

Es **wird** heute **wohl** kaum noch Autofahrer **geben,** die nicht Geld sparen wollen.

3. The future tense is used less frequently for future events. In conversation and informal writing, especially with an adverb of time indicating the future, the present tense is used instead to express futurity:

Morgen fahren wir nach Berlin.
or: **Morgen werden wir** nach Berlin **fahren.**

b. Future Perfect Tense:

1. The future perfect tense is formed with the present tense forms of the auxiliary **werden** and the past participle of the main verb + the infinitive of the auxiliaries **haben** or **sein:**

Ich **werde** die Zeitung **gelesen haben.**
Wir **werden** nach Berlin **gefahren sein.**

2. The future perfect tense is used for future events that are completed before another furture event:

Von einer Lösung des Problems **wird man nicht sprechen können,** bevor nicht jeder einen Arbeitsplatz **gefunden haben wird.**

3. The future perfect tense is used to express probability in the past, especially with the adverbs mentioned above:

Er **wird** es **wohl vergessen haben.**
Sie **wird** inzwischen **sicher** nach Hause **gegangen sein.**

ANWENDUNG

Bilden Sie das Erste Futur (future tense):

1. Der Kellner hat den Kaffee sicher gebracht.
2. Nach dem Urlaub hatte ich bestimmt kein Geld mehr.
3. Hoffentlich gab es nicht zuviele Probleme mit dem Auto.
4. Unsere Mannschaft gewinnt wahrscheinlich.
5. Vielleicht besuchen wir auch Ost-Berlin.
6. Daran hast du dich wohl nicht mehr erinnert.
7. Das Problem hat einen großen Einfluß auf die wirtschaftliche und politische Lage eines jeden Landes.

Bilden Sie das Zweite Futur (future perfect tense):

1. Bis morgen (*tomorrow*) werde ich das Geld zahlen.
2. Bis zum Urlaub kauft sie sich ein Auto.

3. In einer halben Stunde haben wir gefrühstückt.
4. Bis zum Ende des Spieles trinke ich viele Biere.
5. Er erinnert sich wahrscheinlich nicht mehr an mich.
6. Inzwischen kamen sie in Hamburg an.

ÜBUNGEN

A. *Fügen Sie die richtige Form des Relativpronomens ein:*

1. Die Autofahrer, _____ Geld sparen wollen, füllen das Benzin selbst in den Tank.
2. Den Arbeitsplatz, _____ ich schon lange suche, habe ich noch nicht gefunden.
3. Die Ölkrise, seit _____ die Benzinpreise gestiegen sind, war 1973.
4. Die Politiker bemühen sich um ein Problem, _____ Lösung schwierig ist.
5. Ich kenne den Arbeitslosen nicht, _____ man die Stellung angeboten hat.
6. Die Gastarbeiter, _____ Sprachkenntnisse ungenügend sind, haben es sehr schwierig.
7. Ich kann mich an die Frau erinnern, _____ eine Teilzeitbeschäftigung gesucht hat.
8. Die Krise, über _____ du sprichst, existiert nicht.
9. Der Arbeitslose, _____ keine abgeschlossene Berufsausbildung hat, sucht schon seit über einem Jahr eine Stelle.
10. Ein Angebot, _____ zu gering ist, kann die Nachfrage nicht decken.
11. Auch ich glaube, daß die Krise, _____ Ursache du verallgemeinerst, gefährlich ist.
12. Die Autofahrer, _____ ich kenne, versuchen Geld zu sparen.
13. Sie nahm das Angebot an, _____ man ihr gemacht hatte.
14. Die Probleme, _____ die westlichen Länder gegenüberstehen, sind ähnlich.
15. Man hat dem Arbeitnehmer, _____ Arbeitsplatz verlorengegangen ist, eine neue Arbeit angeboten.
16. Das Gesamtbild, von _____ der Politiker sprach, war wenig erfreulich.

B. *Fügen Sie die richtige Form des Relativpronomens* **wer** *oder* **was** *ein:*

1. _____ dem Politiker fehlt, ist eine begründete Theorie.
2. Der Arbeitgeber hat noch nicht gesagt, _____ er die Stellung anbieten will.
3. Das Gefährlichste, _____ man tun (*do*) kann, ist, an Vorurteile zu glauben.

4. Vieles, _____ über die Krise gesagt wird, ist falsch.
5. Ich hatte gedacht, daß ich den Arbeitsplatz bekommen hatte, _____ aber nicht stimmte.

C. *Benutzen Sie ein* **da-** *oder* **wo-***compound:*

1. Ich kann mich nicht mehr an die Theorie erinnern.
   Ich kann mich nicht mehr _____ erinnern.
2. Der Arbeitslose will sich um die Stellung bewerben.
   Der Arbeitslose will sich _____ bewerben.
3. Wir denken immer an die Krise.
   _____ denken wir immer?
4. Von einem solchen Vorurteil kannst du nicht ausgehen.
   _____ kannst du nicht ausgehen.
5. Er war nicht qualifiziert für diesen Arbeitsplatz.
   _____ war er nicht qualifiziert?
6. Es gibt verschiedene Ursachen für die Ölkrise.
   _____ gibt es verschiedene Ursachen.
7. Man muß damit rechnen, daß die Zahl der Arbeitsfähigen ansteigen wird.
   _____ muß man rechnen?
8. Man kann nicht von einer Lösung des Problems sprechen.
   Man kann nicht _____ sprechen, daß das Problem gelöst ist.
9. Ich denke an das Problem der Arbeitslosen.
   _____ ich denke, ist das Problem der Arbeitslosen.
10. Neben dieser Ursache gibt es noch andere Ursachen.
    _____ gibt es noch andere Ursachen.

D. *Bilden Sie Sätze im Ersten Futur mit den angegebenen Satzelementen. Fügen Sie andere notwendige Elemente hinzu:*

1. denken an / man / Umweltverschmutzung / Inflation
2. ausüben / Problem / Arbeitslosigkeit / sicherlich / größer / Einfluß
3. steigen / Zahl / Arbeitslose / hoffentlich / nicht
4. sein / Angebot / größer / als / Nachfrage
5. sein / Stahlindustrie / typischer / für / Gesamtbild
6. verlorengehen / Arbeitsplatz [pl.] / in / Zukunft
7. bestätigen / ich / Vorurteil / nicht
8. vermitteln / Arbeitsamt [pl.] / Stellung [pl.] / für / Arbeitslose
9. sein / er / qualifiziert / nicht
10. sein / Prozentsatz / höher
11. finden / Gastarbeiter / kein / Arbeitsplatz
12. decken / Angebot / Nachfrage
13. verlieren / sie [sing.] / wegen / mangelnd / Zuverlässigkeit / Stellung
14. sich lösen / Problem / von / selbst / nicht
15. haben / einzeln / Arbeiter [pl.] / mehr / Freizeit

E. *Bilden Sie das Zweite Futur mit den Satzelementen in Übung D.*

F. *Übersetzen Sie ins Englische:*

1. Wovon sprichst du?
2. Der Autofahrer, mit dem ich nach Kiel fahren werde, ist ein Gastarbeiter.
3. Er glaubt nicht daran.
4. Bis zu unserem Urlaub werden die Benzinpreise sicherlich ange-stiegen sein.
5. Woran denkst du?

G. *Sagen sie auf deutsch:*

1. It can be anticipated that the problem will not be solved.
2. I do not remember the above-mentioned points.
3. Hopefully, the supply will meet the demand.
4. It cannot be assumed that all unemployed persons will have found jobs by 1980.
5. The guest worker to whom I talked has been unemployed for more than a year.

GESPRÄCHSTHEMEN

1. Gibt es in den USA viel Arbeitslosigkeit? Warum?
2. Was tut man in den USA gegen die Arbeitslosigkeit?
3. Auf welchen Gebieten und in welchen Gegenden ist die Arbeits-losigkeit in den USA besonders groß?
4. Wie ist die Arbeitslosenunterstützung in den USA?

KLEINE AUFSATZTHEMEN

1. Was sind einige Antworten auf das Problem der Arbeitslosigkeit?
2. Glauben Sie, daß die meisten Menschen arbeiten wollen, oder gibt es viele Drückeberger? Erklären Sie Ihre Antwort!

VOKABULAR

ab·schließen, schloß, abgeschlossen to finish
ähnlich similar
an·bieten, bot an, angeboten to offer
die **Anforderung, -en** demand
das **Angebot, -e** supply
die **Annahme, -n** assumption
an·steigen, stieg, ist angestiegen to climb
der **Arbeitgeber, -** employer

der **Arbeitnehmer, -** employee
das **Arbeitsamt, -̈er** (public) employment agency
die **Arbeitskraft, -̈e** worker
der **Arbeitslose, -n** unemployed person
die **Arbeitslosenunterstützung** unem-ployment compensation
die **Arbeitslosigkeit** unemployment
der **Arbeitsmarkt, -̈e** labor market
der **Arbeitsplatz, -̈e** place of work

die **Arbeitsstelle, -n** job; work
die **Arbeitsvermittlung** work procurement
die **Aufgabe, -n** assignment
aufgrund because of
aus·üben to exert
der **Autofahrer, -** driver of a car
begründet caused; justified
behindern to hinder, handicap
der **Benzinpreis, -e** price of gasoline
bereit ready
bereit·stellen to make available
die **Berufsausbildung, -en** (professonal)
education
bestätigen to confirm
(sich) beschäftigen to occupy
(oneself)
bestimmt certain
bevor·stehen, stand, bevorgestanden
to lie ahead
**sich bewerben um, bewarb, bewor-
ben** to apply for
die **Chance, -n** chance
decken to cover
demographisch demographic
der **Druck** pressure
**entsprechen, entspricht, entsprach,
entsprochen** to meet; to correspond
die **Entwicklung, -en** development
(sich) erinnern (an) to remember
existieren to exist
falsch false
der **Familienhaushalt, -e** family
household
fehlen to miss; lack
fraglich questionable
die **Frau, -en** woman; Mrs.
die **Führung** management
füllen to fill
der **Gastarbeiter, -** guest worker
der **Gedanke, -n** thought
gefährlich dangerous
**gegenüber·stehen, stand gegenüber,
gegenübergestanden** to be confronted with
gerecht fair, just
die **Gesamtbevölkerung** total population
das **Gesamtbild** total picture
gesundheitlich because of health
gleichgestellt on the same level;
equal
handeln to deal
hinsichtlich with regard
insgesamt altogether
irgendein some; any
der **Jahrgang, ̈e** age-group
die **Krise, -n** crisis
die **Lage, -n** situation; position
das **Licht, -er** light
lösen to solve

die **Lösung, -en** solution
der **Mangel, ̈** lack
mangelnd lacking
meinen to think
die **Meinung, -en** opinion
die **Minderheit, -en** minority
morgen tomorrow
die **Nachfrage, -n** demand
offen open
die **Ölkrise, -n** oil (energy) crisis
die **Praxis** practice
der **Prozentsatz, ̈e** percentage
die **Qualifikation, -en** qualification
qualifiziert qualified
realistisch realistic
rechnen oto count, calculate; to anticipate
schließen, schloß, geschlossen to
close
schwierig difficult
selbstverständlich naturally
solange as long
die **Sprachkenntnisse** (*pl.*) knowledge of
language
stark strong
steigen, stieg, ist gestiegen to climb
die **Stellung, -en** position; place
stimmen to be true; to be correct
täglich daily
der **Tank, -s** tank
die **Tankstelle, -n** gasoline station
die **Theorie, -n** theory
tun, tat, getan to do
übersteigen, überstieg, überstiegen to
exceed
die **Umweltverschmutzung** pollution
unbesetzt open, free, unoccupied
ungenügend insufficient
die **Ursache, -n** cause
verallgemeinern to generalize
verdienen to earn
**vergessen, vergißt, vergaß, verges-
sen** to forget
**verloren-gehen, ging, ist verloren-
gegangen** to get lost
die **Vermehrung, -en** increase
vermindern to diminish
vermitteln to arrange; to negotiate
die **Vermittlung, -en** negotiation
verteilen to distribute
die **Voraussage, -n** prediction
vorhanden available
das **Vorurteil, -e** prejudice
wahrscheinlich probably
die **Weise, -n** manner; form
weltwirtschaftlich economically
world-wide
die **Wirtschaft, -en** economy
die **Zahl, -en** number
zwar though

8 Die Westmark in Konkurrenz mit der Ostmark

In der Presse ist häufig von der starken Mark der Bundesrepublik und dem noch stärkeren Schweizer Franken die Rede. Besonders bei Vergleichen mit dem amerikanischen Dollar wird immer wieder auf diese zwei europäischen Währungen als Musterbeispiele[1] solider Währungen hingewiesen. Der Dollar war einmal das Rückgrat[2] der 5 westlichen Wirtschaft, jetzt muß er diese Rolle mit anderen Währungen teilen.

Daß die Stärke oder die Schwäche einer Währung auf die wirtschaftlichen Gegebenheiten[3] eines Landes zurückzuführen ist, wie Inflationsrate, Energieplanung, das Verhältnis von Export und Import 10 usw. (und so weiter) weiß sicherlich jeder. Was wohl weniger bekannt ist, ist die interessante Tatsache, daß die Währung der BRD in der Deutschen Demokratischen Republik so sehr an Einfluß gewonnen hat, daß von Bürgern der DDR die Westmark für private Dienstleistungen[4] lieber genommen wird als die Ostmark. Man kann tatsächlich 15 sagen, daß die Westmark sich in den letzten Jahren zu der heimlichen Währung der DDR entwickelt hat, während die Ostmark bei vielen DDR-Bürgern nicht als „richtiges" Geld gilt und der „Kosaken-Rubel"[a] genannt wird.

Obwohl die DDR zu den höchstindustrialisierten[5] Ländern der Welt 20 gehört[b], liest man immer wieder Berichte über die beinah chronischen Versorgungsprobleme[6] in der Konsumindustrie[7]. Natürlich sind es nicht Nahrungsmittel[8], woran es fehlt, obwohl die Versorgung mit Fleisch, Obst und Gemüse nicht immer befriedigend ist. Es sind die mehr oder weniger notwendigen Kleinigkeiten des Lebens, wie z.B. ein 25 solider Hammer oder kosmetische Artikel, die wir im Westen einfach voraussetzen, die im Osten nicht immer leicht erhältlich sind. Konsumgüter[9] sind in der DDR häufig teuer, qualitativ manchmal nicht

---

1. model. 2. backbone. 3. conditions. 4. services. 5. most industrialized. 6. supply problems. 7. consumer-goods industry. 8. food. 9. consumer goods.

Westmark

Ostmark

sehr gut und im allgemeinen mit langen Wartezeiten[10] verbunden.

Eine Quelle in der DDR für Produkte, wie wir sie im Westen gewohnt   30
sind, sind die sogenannten „Intershops". Ursprünglich wurden diese
Geschäfte für Touristen aus dem Westen als „duty-free shops" eingerichtet. D.h. DDR-Bürger waren dort nicht erwünscht oder genauer
gesagt nicht erlaubt. Da jedoch die Kontrollen im Laufe der sechziger
Jahre erleichtert wurden, kauften mehr und mehr Bürger der DDR dort   35
ein. Das Problem war allerdings immer die Währung, denn in den
Intershops kann bis zum heutigen Tage nur mit Westgeld bezahlt
werden, und Westgeld mußte nach den damals geltenden Gesetzen
von DDR-Bürgern im Verhältnis eins zu eins in DDR-Währung ein-
getauscht werden. Schließlich gab die Regierung der DDR im Sommer   40
1974 dem Druck der Bevölkerung nach und änderte die Devisenge-
setze[11]. Seit diesem Zeitpunkt dürfen sich Bürger der DDR pro Jahr 500
DM ohne irgendwelche Formalitäten schenken lassen; und diese 500
DM dürfen von ihnen in den Intershops ausgegeben werden. So ist die
Westmark in der DDR inoffiziell beinah zur ersten Währung des   45
Landes geworden und das bei einem Schwarzmarktkurs[12] von einer
Westmark für vier Ostmark. Mit der Westmark kann der Bürger in der
DDR genau dieselben Dinge kaufen, die wir bei uns in jedem Geschäft
zu finden erwarten, wie z.B. eine Flasche West-Whiskey oder West-
Ketchup. Die Westmark macht das Leben leichter und somit ange-   50
nehmer: Handwerker, wenn sie mit Westgeld bezahlt werden, kommen
sofort, statt den Kunden tagelang warten zu lassen; ein Tisch in einem
Restaurant ist plötzlich nicht mehr „reserviert", wenn der Gast seine
westliche Währung spielen läßt[13], und schließlich, wenn man seinen
„Trabant", den VW der DDR, reparieren lassen muß, geht auch das   55
sehr viel schneller und besser mit der Westmark.

Eine andere Möglichkeit für die Bürger der DDR, ihre eigene
Wirtschaft zu umgehen, wird von der Firma GENEX geboten. GENEX
hat Geschäftspartner[14] im Westen — in Zürich und Kopenhagen — und
von dort kann sich ein Bürger aus der Bundesrepublik einen Katalog   60
kommen lassen und bestellen, was er seinen Freunden oder Verwandten in der DDR auf deren Wunsch zukommen lassen will. Natürlich wird wiederum nur mit der soliden Westmark bezahlt.

So gelingt es der Regierung in der Haupstadt der DDR, Berlin, den
Hunger nach Konsumgütern wenn nicht ganz zu stillen, so doch   65
bedeutend zu mildern, und gleichzeitig wird das sozialistische System
nicht allzusehr ins Wanken gebracht. Enteignung[15], Verstaatlichung[16]
und Bürokratisierung[17] werden nicht ernsthaft in Frage gestellt.

---

10. waiting periods.   11. foreign-currency laws.   12. blackmarket rate.   13. (literally,
lets   play)   makes   use   of.   14.   business   partners.   15.   expropriation.   16.
nationalization.   17. bureaucracy.

Bemerkungen

a. Literally, Cossack ruble; this expression alludes to the political and ideological domination of the East-German economy by the Soviet Union.

b. Among the leading export countries in the world, East-Germany ranks in 14th place. In 1971 the per-capita GNP was $2,190.00.

Wichtige Redewendungen und Konstruktionen

immer wieder	*again and again*
und so weiter (usw.)	*and so on (etc.)*
mehr und mehr	*more and more*
genauer gesagt	*more precisely; to be more precise*
ins Wanken bringen	*to cause to falter*

Fragen

1. Welche beiden europäischen Währungen werden immer wieder mit dem amerikanischen Dollar verglichen?
2. Welche Rolle muß der Dollar mit anderen Währungen teilen?
3. Wie ist der Einfluß der Westmark in der DDR?
4. Wozu hat sich die Westmark in der DDR entwickelt?
5. Welche Artikel sind in der DDR nicht immer leicht erhältlich?
6. Wo kann man in der DDR westliche Produkte kaufen?
7. Für wen waren die Intershops ursprünglich eingerichtet worden?
8. Mit welcher Währung muß im Intershop bezahlt werden?
9. Wann wurden die Devisengesetze der DDR geändert?
10. Wieviel DM dürfen sich die Bürger der DDR schenken lassen?
11. Wo darf dieses Geld ausgegeben werden?
12. Welche anderen Möglichkeiten für DDR-Bürger gibt es, Produkte aus dem Westen zu kaufen?
13. Wo hat die Firma GENEX Geschäftspartner?
14. Was können die Bürger in der Bundesrepublik für Freunde und Verwandte in der DDR tun?
15. Was gelingt der Regierung der DDR auf diese Weise?

GRAMMATIKALISCHE ERKLÄRUNGEN

1. Passive Voice

a. Forms:

The passive voice is formed with the auxiliary **werden** and the past participle of the main verb. The different tenses are formed by conjugating the auxiliary:

PASSIVE INF.	gekauft werden	to be bought
PRESENT	es wird gekauft	it is (being) bought
PAST	es wurde gekauft	it was bought
PRESENT PERF.	es ist gekauft worden	it has been bought
PAST PERF.	es war gekauft worden	it had been bought
FUTURE	es wird gekauft werden	it will be bought
FUTURE PERF.	es wird gekauft worden sein	it will have been bought

Note that a special form of the past participle of the auxiliary **werden** is used: **worden.**

b. Uses:

1. In a passive sentence the attention is drawn to a person or a thing *that is acted upon* rather than to the person or the thing *that is acting.* This shifting of the emphasis is achieved by making the direct object of an active sentence the subject of the passive sentence; the subject of the active sentence becomes a prepositional object with **von** (+ dative). The past participle of the main verb is at the end of the main clause:

   Ich kaufe das Auto.
   Das Auto wird von mir gekauft.

2. Sometimes the passive voice is used impersonally:

   Es wird oft auf diese Währungen **hingewiesen.**
   or: Auf diese Währungen **wird** oft **hingewiesen.**

3. Note that, unlike in English, only the *direct object* of an active sentence may become the subject of a passive sentence; verbs requiring the dative keep the dative object in the passive:

   Man half **dem armen Verwandten.**
   Dem armen Verwandten wurde geholfen.
   The poor relative was helped.

ANWENDUNG

Bilden Sie das Passiv zu den folgenden Sätzen:

1. Sie liest die Zeitung.
2. Man verglich die europäischen Währungen mit dem Dollar.
3. Mein Freund hat einen „Trabant" gekauft.
4. Man erzählte mir von dem Besuch in der DDR.

5. Man wird auch über die Schwäche der Währungen sprechen.
6. Vor der Reise hatte ich ein neues Auto gekauft.
7. Das Arbeitsamt konnte dem Arbeitslosen keine Arbeit vermitteln.
8. Inzwischen wird sie die Zeitung wohl zu Ende gelesen haben.

2. Alternative Constructions for the Passive

The following alternative constructions are often preferred to the passive:

a. The indefinite pronoun **man** plus an active construction:

Man spricht Deutsch.   *German is spoken.*

b. **sich lassen** or **lassen** plus an infinitive (see Chapter 2, page 15):

Da **läßt sich** nichts machen.   *Nothing can be done.*
Er läßt den „Trabant" **reparieren.**   *He is having the "Trabant" repaired.*

c. Reflexive constructions:

Die Tür **öffnet sich.**   *The door is being opened.*

ANWENDUNG

Formen Sie die angegebenen Alternativkonstruktionen zum Passiv:

1. Es kann gesagt werden, daß der „Trabant" der VW der DDR ist. (**man +** active construction)
2. Das Problem der Arbeitslosigkeit wird verallgemeinert. (**sich lassen +** infinitive)
3. Es wird empfohlen, den Whiskey im Intershop zu kaufen. (reflexive construction)
4. Ein Tisch ist von uns reserviert worden. (**lassen +** infinitive)

ÜBUNGEN

A. *Bilden Sie das Passiv zu den folgenden Sätzen:*

1. Er trinkt lieber Wein.
2. Man wies auf die beiden deutschen Staaten hin.
3. Man kann sagen, daß die DDR-Bürger lieber die Westmark nehmen.
4. Sie hatte den Bericht gelesen.
5. Der Handwerker kann den VW nicht reparieren.
6. Wir werden einen Katalog bestellen.
7. Der Politiker hat die Theorie in Frage gestellt.
8. Haben Sie einen Tisch reserviert?
9. Man half dem Autofahrer.
10. Bis zum Urlaub werde ich mir sicher ein neues Auto gekauft haben.

B. *Bilden Sie das Aktiv zu den folgenden Sätzen:*

1. Ursprünglich waren die Intershops von der Regierung der DDR als „duty-free shops" eingerichtet worden.
2. Auf das Gesetz wurde hingewiesen.
3. Der Fußballspieler ist von der gegnerischen Mannschaft behindert worden.
4. Das Auto wird von mir wahrscheinlich im Urlaub nicht benutzt werden.
5. Es können nicht mehr Arbeitsplätze bereitgestellt werden.
6. Das Glas Wasser wurde von dem Ober gebracht.
7. Das Problem wird hoffentlich gelöst werden können.
8. Hier soll nur Deutsch gesprochen werden.
9. Ein Urlaub muß geplant werden.
10. Die Zeitung wird von ihr gelesen worden sein.

C. *Bilden Sie Sätze im Passiv mit den angegebenen Satzelementen. Benutzen Sie die angegebene Zeit, und fügen Sie andere notwendige Elemente hinzu:*

1. (past)   (belagern / Wien / zweimal / Türken)
2. (present)   (ausgeben / viel / Geld / in / Urlaub)
3. (pres. perf.)   (nennen / Wien / auch / Donaustadt)
4. (present)   (reisen / in / Europa / viel)
5. (past)   (schreien / auf / Fußballplatz)
6. (future)   (essen / Schweinefleisch / der Kranke / nicht)
7. (pres. perf.)   (stoßen / Ball / Fußballspieler / in / Tor)
8. (present)   (trinken / Whiskey / im allgemeinen / gern)
9. (past perf.)   (umgehen / Gesetz)
10. (present)   (unterhalten / Zuschauer / Fußballspiel)

D. *Übersetzen Sie ins Englische:*

1. Das weltwirtschaftliche System ist von den Problemen der Arbeitslosigkeit und der Inflation ins Wanken gebracht worden.
2. Die Westmark gewinnt mehr und mehr an Einfluß in der DDR.
3. Der Gast ließ sich ein Glas Wasser bringen.
4. Im Sommer fahre ich nach Europa, genauer gesagt nach Österreich.
5. Da läßt sich nichts machen.

E. *Sagen Sie auf deutsch:*

1. Again and again one has pointed to the dollar as the backbone of the Western economy.
2. German is spoken in four European countries.
3. The door is being opened.
4. I was told that whiskey is not too expensive in East-Berlin.
5. This problem cannot be generalized.

GESPRÄCHSTHEMEN

1. Gibt es im Westen auch „duty-free shops"? Wo? *supply*
2. Gibt es auch im Westen manchmal Versorgungsprobleme? Erklären Sie!
3. Warum sind einige Währungen solider als andere?

KLEINE AUFSATZTHEMEN

impressions

1. Was sind Ihre Eindrücke von der DDR im Vergleich zur BRD?
2. Glauben Sie, daß wir im Westen zu abhängig von vielen Konsumgütern sind? *dependent*
3. Was denken Sie über das sozialistische System?

VOKABULAR

allzusehr too much
ändern to change
angenehm pleasant
der **Artikel, -** article
aus-geben, gibt, gab, ausgegeben to spend
befriedigend satisfactory
der **Bericht, -e** report
besonders especially
bestellen to order
bezahlen to pay
chronisch chronic
damals then
ein-kaufen to shop
ein-richten to institute
ein-tauschen to change
empfehlen, empfiehlt, empfahl, empfohlen to recommend
erlauben to permit
erleichtern to facilitate
ernsthaft serious
erwarten to expect
erwünschen to desire
der **Export, -e** export
die **Firma, Firmen** business; firm
die **Flasche, -n** bottle
das **Fleisch** meat
die **Formalität, -en** formality
der **Gast, ⁻e** guest
gelingen, gelang, ist gelungen (+ *dat.*) to accomplish
gelten, gilt, galt, gegolten to be considered as
das **Gemüse, -** vegetable
das **Gesetz, -e** law
gewohnt accustomed
gleichzeitig at the same time

der **Hammer, -** hammer
der **Handwerker, -** craftsman; mechanic
heimlich secret
helfen, hilft, half, geholfen to help
hin-weisen auf, wies, hingewiesen to point out
der **Hunger** hunger
der **Import, -e** import
inoffiziell inofficially
irgendwelche any
der **Katalog, -e** catalog
kaufen to buy
das **Ketchup** ketchup
die **Kleinigkeit, -en** little thing; petty matter
die **Konkurrenz** competition
die **Kontrolle, -n** control
kosmetisch cosmetic
der **Kunde, -n** customer
der **Lauf** course
das **Leben** life
leicht easy; light
mildern to soften, to relieve
nach-geben, gibt, gab, nachgegeben to give in
nehmen, nimmt, nahm, genommen to take
notwendig necessary
das **Obst** fruit
öffnen to open
plötzlich suddenly
die **Presse** (journalistic) press
privat private
pro per
das **Produkt, -e** product
qualitativ qualitatively
die **Quelle, -n** source; well

reparieren to repair
reservieren to reserve
respektive respectively
das **Restaurant, -s** restaurant
richtig real; right, correct
die **Rolle, -n** role
schenken to donate
schließlich finally
schnell fast
die **Schwäche, -n** weakness
solide solid
somit therefore
die **Stärke, -n** strength
stellen to put
stillen to sooth, quiet
tagelang for days
die **Tatsache, -n** fact
teilen to share; to divide
die **Tisch, -e** table
die **Tür, -en** the door

umgehen, umging, umgangen to go
  around
ursprünglich original
das **Verhältnis, -se** relationship
die **Versorgung** supply
der **Verwandte, -n (ein Verwandter)** relative
voraus-setzen to assume
wanken to falter; to stagger
warten to wait
der **Whiskey** whiskey
wiederum again
wissen, weiß, wußte, gewußt to
  know
der **Wunsch, ̈-e** wish
der **Zeitpunkt, -e** point in time
zukommen lassen, läßt, ließ, lassen
  to furnish
zurück·führen to attribute

9 Was wären Sie gern von Beruf?

Die Frage, was man gern von Beruf wäre, oder besser was man gern
werden würde, beschäftigt jeden Menschen von Kindheit an. Wenn
man von vornherein wüßte, was man eines Tages für einen Beruf hätte,
wäre die Vorbereitung auf eine Karriere sicherlich einfacher, aber das
Leben hätte wohl auch weniger Überraschungen.   5

Schon immer hat es irgendwelche Traumberufe[1] gegeben; u.a.[2]
spielen die kulturellen, wirtschaftlichen und politischen Umstände
eine Rolle in der Popularität gewisser Berufe. Im Jahre 1977 hat das
Institut für Demoskopie Allensbach[a] in der BRD in einer Umfrage für
die Illustrierte STERN[b] statistisch festgestellt, wovon die Männer   10
träumen, d.h. welche Berufe sie sich wünschen würden, und wovon die
Frauen träumen, d.h. welche Berufe sie sich für ihre Traummänner[3]
wünschten.

Die Frage an die Männer lautete folgendermaßen: „Es ist ja so, daß
man in seinem Leben nicht alles zugleich machen kann. Aber was   15
meinen Sie, welche von diesen Berufen – hier ist eine Liste – hätten
Ihnen Freude gemacht, welche hätten Ihnen besonders gut gelegen? Es
können mehrere Berufe genannt werden."

Die Frage an die Frauen war wie folgt formuliert worden: „Es ist ja
so, daß man nicht immer einen Lebenspartner[4] mit allen Vorzügen   20
findet, die man sich wünscht. Aber was meinen Sie, welche Berufe –
hier ist eine Liste mit Männerberufen – gefallen Ihnen besonders für
einen Mann, welche Berufe sollte Ihr Traummann haben? Es können
mehrere Berufe genannt werden."

Wie hätten Sie, ob Mann oder Frau, die Fragen beantwortet? Nach   25
Angabe im STERN wurden 920 Frauen und 800 Männer befragt, und
die Ergebnisse sollen repräsentativ für Bundesbürger und Westberliner im Alter ab 16 Jahre sein. Die Resultate der Meinungsumfrage[5]

---

1. ideal occupations.   2. **unter anderem** among other things.   3. ideal husbands.   4. life
companion.   5. public-opinion poll.

Traumberufe
1977

Wovon Männer träumen, läßt sich auch statistisch ausdrücken – durch Meinungsforschung. In einer Umfrage für den STERN hat das Institut für Demoskopie Allensbach erforscht, welche Berufe sich deutsche Männer 1977

wünschen, und parallel dazu Frauen gefragt, welchen Beruf ihr Traummann haben sollte. Es wurden 920 Frauen und 800 Männer befragt. Die Ergebnisse sind repräsentativ für Bundesbürger und Westberliner im Alter ab 16 Jahre

Frage an Männer

Es ist ja so, daß man in seinem Leben nicht alles zugleich machen kann. Aber was meinen Sie, welche von diesen Berufen – hier ist eine Liste – hätten Ihnen Freude gemacht, welche hätten Ihnen besonders gut gelegen? Es können mehrere Berufe genannt werden.

Berufe	Prozente
Förster	24
Ingenieur	21
Pilot, Verkehrspilot	17
Lehrer	15
Mechaniker	15
Beamter	15
Architekt	14
Kraftfahrer	13
Berufssoldat, Offizier	11
Landwirt	11
Seemann	11
Arzt	11
Journalist	11
Musiker	10
Richter, Rechtsanwalt	10
Lokomotivführer	7
Politiker	7
Psychologe	7
Koch oder Konditor	6
Hochschulprofessor	4
Chemiker	4
Pfarrer, Pastor	3
Vertreter	3
Friseur	2
keine Angabe	7

Frage an Frauen

Es ist ja so, daß man nicht immer einen Lebenspartner mit allen Vorzügen findet, die man sich wünscht. Aber was meinen Sie, welche Berufe – hier ist eine Liste mit Männerberufen – gefallen Ihnen besonders für einen Mann, welche Berufe sollte ihr Traummann haben? Es können mehrere Berufe genannt werden.

Berufe	Prozente
Arzt	30
Architekt	29
Beamter	26
Ingenieur	24
Lehrer	23
Förster	18
Richter, Rechtsanwalt	17
Journalist	14
Hochschulprofessor	11
Pilot, Verkehrspilot	10
Musiker	10
Psychologe	8
Landwirt	8
Koch oder Konditor	7
Chemiker	7
Mechaniker	6
Berufssoldat, Offizier	6
Politiker	5
Pfarrer, Pastor	4
Seemann	3
Friseur	3
Kraftfahrer	2
Lokomotivführer	2
Vertreter	1
keine Angabe	14

sind nicht nur interessant sondern auch überraschend. Verallgemeinernd läßt sich sagen, daß die Männer von einem Beruf 30
träumten, der ihnen das Gefühl der Freiheit und Unabhängigkeit geben würde. Die Frauen hingegen waren für ihre Männer eher an finanzieller Sicherheit[6] und gesellschaftlichem[7] Prestige interessiert als an Freiheit und Unabhängigkeit.

Natürlich ist nicht unbedingt zu erwarten, daß dieselbe Umfrage in 35
einem anderen Land die gleichen Resultate bringen würde. Sogar in den westlichen Industriestaaten würden dieselben Fragen sowohl von Frauen als auch von Männern sicherlich verschieden beantwortet werden. Z.B. ist es außerordentlich unwahrscheinlich, daß dieselbe Umfrage bei amerikanischen Männern zu dem gleichen Resultat, 40
nämlich Förster als Lieblingsberuf[8], geführt hätte. Hingegen wäre es nicht überraschend, wenn bei amerikanischen Frauen der Beruf des Arztes für ihre Männer sehr populär wäre.

Auch ist anzunehmen, daß die „Traumberufe" des Jahres 1977 in zehn Jahren nicht mehr dieselben sein werden; dies ist besonders der 45
Fall aufgrund des schnellen technologischen Fortschritts[9] und der Frauenbewegung[10]. Die letztere wird sicherlich einen enormen Wandel auf dem Arbeitsmarkt mit sich bringen. Es könnte in den nächsten zehn Jahren soweit sein, daß die Frage, die in dieser Umfrage nur den Männern gestellt wurde, dann auch an die Frauen gestellt wird. Die 50
Frage hingegen, die hier den Frauen vorgelegt wurde und die z.T. davon auszugehen scheint, daß die Rolle der Frau prinzipiell[11] immer noch die der Hausfrau ist, mag bis dahin nicht mehr aktuell sein.

Bemerkungen

a. This important institute for public opinion research is well known, especially for its polls before political elections in West Germany.

b. STERN is a major illustrated weekly newspaper; its articles cover a broad spectrum of contemporary issues ranging from political questions to pure entertainment.

Wichtige Redewendungen und Konstruktionen

von vornherein	*from the outset*
eines Tages	*some day*
wie folgt	*as follows*
immer noch	*still*
bis dahin	*until then*

---

6. financial security. 7. social. 8. favorite occupation. 9. progress. 10. women's movement. 11. principally.

Fragen

1. Was beschäftigt wohl jeden Menschen von Kindheit an?
2. Was wäre sicherlich einfacher, wenn man von vornherein wüßte, welchen Beruf man eines Tages haben würde?
3. Was spielt eine Rolle für die Popularität der Berufe?
4. Was versuchte der STERN, mit der Meinungsumfrage festzustellen?
5. Wann wurde die Umfrage gemacht?
6. Wieviele Männer und Frauen wurden befragt?
7. Für wen sollte das Ergebnis repräsentativ sein?
8. Wovon träumten die meisten Männer?
9. Woran waren die meisten Frauen interessiert?
10. Was war der Traumberuf der meisten Männer?
11. Welchen Beruf wünschten sich die meisten Frauen für ihren Traummann?
12. Würde die Umfrage in den USA wohl das gleiche Resultat bringen?
13. Kann man annehmen, daß die Traumberufe in zehn Jahren dieselben wie 1977 sein werden?
14. Was könnte einen Wandel bringen?
15. Wovon scheint die Frage, die den Frauen gestellt wurde, auszugehen?

GRAMMATIKALISCHE ERKLÄRUNGEN

Unreal Subjunctive: Subjunctive for Unreal Conditions, Requests, and Wishes

a. Forms:

While the indicative has six tenses, the unreal subjunctive may be expressed only in the present and the past.[1]

1. The present unreal subjunctive is formed with the following personal endings:

	SINGULAR	PLURAL
1ST PERSON	-e	-en
2ND PERSON	-est	-et
3RD PERSON	-e	-en
FORMAL ADDRESS	-en	

These endings are added to the *stem of the past tense* of the verb.

---

1. Traditionally, the unreal subjunctive has also been called "Subjunctive II" because of the use of the second principal part of the verb for its formation.

The past stem vowel of strong verbs and irregular verbs is umlauted when possible. This umlauting occurs also with the modal auxiliaries **dürfen, können, mögen, müssen** and with **haben** and **sein:**

INFINITIVE	PAST STEM	PRESENT UNREAL SUBJUNCTIVE	
laufen	lief-	ich **liefe**	du **liefest**
finden	fand-	ich **fände**	du **fändest**
bringen	bracht-	ich **brächte**	du **brächtest**
können	konnt-	ich **könnte**	du **könntest**
haben	hatt-	ich **hätte**	du **hättest**
sein	war-	ich **wäre**	du **wärest**

Note that the forms for the 1st person plural and 3rd person plural of the present unreal subjunctive are identical with the past indicative for those strong verbs that do not umlaut the past stem vowel:

PAST INDICATIVE	PRESENT UNREAL SUBJUNCTIVE
wir **liefen**	wir **liefen**
sie **liefen**	sie **liefen**

For weak verbs and the modal auxiliaries **sollen** and **wollen**, the forms of the present unreal subjunctive are identical with the past indicative:

INFINITIVE	PAST INDICATIVE	PRESENT UNREAL SUBJUNCTIVE
machen	ich **machte**	ich **machte**
sollen	ich **sollte**	ich **sollte**
wollen	ich **wollte**	ich **wollte**

2. The past unreal subjunctive is formed with the present unreal subjunctive forms of the auxiliaries **haben** or **sein** + the past participle of the main verb:[1]

ich **hätte gewünscht**   ich **wäre gegangen**

b. **würde** + Infinitive Construction

1. Frequently, the present unreal subjunctive of **werden** + the infinitive of the main verb are used as an alternate form for the present unreal subjunctive:

Würden Sie mir bitte die Zeitung **geben!**

2. In order to avoid ambiguity, the **würde** + infinitive construction is used when the forms of the past indicative and the present unreal subjunctive are identical. As was shown above, these identical forms occur with some strong verbs that do not umlaut the past-stem vowel and with all weak verbs:

---

1. The unreal subjunctive of the *passive voice* is formed by using the unreal subjunctive forms of the auxiliary **werden**, for example: **es würde gelesen.**

PAST INDICATIVE	PRESENT UNREAL SUBJ.	**würde** + INFINITIVE
wir **liefen**	wir **liefen**	wir **würden laufen**
sie **gingen**	sie **gingen**	sie **würden gehen**
ich **machte**	ich **machte**	ich **würde machen**

3. Note, that the **würde** + infinitive-construction is not used with **haben**, **sein**, all modal auxiliaries and in clauses introduced by the conjunction **wenn**.

c. Uses:

The unreal subjunctive is used for unreal conditions, requests, and wishes in order to express their hypothetical nature.

1. The unreal subjunctive for an unreal condition may be used in a main clause:

In einem anderen Beruf **wäre** ich glücklicher.

Unreal conditions are often expressed in contrary-to-fact statements consisting of a condition introduced by the subordinating conjunction **wenn** (*if*) and a conclusion:

CONDITION	CONCLUSION
Wenn man mich **fragte,**	**würde** ich eine Antwort geben.

Remember that the **würde** + infinitive construction cannot be used in the **wenn**-clause.

Either the condition or the conclusion may be first:

Wenn ich meinen Beruf ändern **könnte, würde** ich Förster **werden.**
Ich **würde** Förster **werden, wenn** ich meinen Beruf ändern **könnte.**

Note that, in the condition, dependent word order is used in both cases because **wenn** is a subordinating conjunction. In the conclusion, however, inverted word order is used if it follows the condition.

The conjunction **wenn** may be omitted; the verb is then at the beginning of the clause:

Wäre ich Förster, dann hätte ich mehr Freizeit.

2. The unreal subjunctive is used for polite requests:

Könntest du mir bitte (*please*) die Zeitung geben!

Note that with polite requests the **würde** + infinitive construction must be used with all verbs except for the modals and is optional with **haben** and **sein.**

Würdest du mir bitte die Zeitung geben!
Würden Sie so freundlich **sein**, mir die Tür zu öffnen.

3. The unreal subjunctive is used to express wishful thinking. The wish may be introduced by **wünschen:**

Ich **wünschte,** ich **wäre** Arzt geworden.

or **wenn:**

Wenn ich doch nur Förster **wäre!**

Remember not to use the **würde** + infinitive construction in a **wenn**-clause.

If there is no introductory phrase, the conjugated verb is at the beginning of the clause:

Wäre ich doch nur Rechtsanwalt!

doch or **doch nur** emphasize the strong desire.

ANWENDUNG

*Bilden Sie den irrealen Konjunktiv (unreal subjunctive); benutzen Sie eine **würde** + Infinitiv-Konstruktion, wenn es möglich ist:*

1. In Wien trinke ich Heurigen.
2. Wenn wir in die Schweiz fahren, besuchen wir auch Luzern.
3. Man kann viel Geld verdienen, wenn man Arzt ist.
4. Wenn er seinen Beruf ändert, ist er bestimmt glücklich.
5. Wenn man die DDR gesehen hat, kennt man ein sozialistisches Land.
6. Bringen Sie mir bitte ein Glas Wasser!
7. Fahren Sie mich bitte zum Flugplatz (*airport*)!
8. Zeigen (*show*) Sie mir bitte den Bahnhof (*railroad station*)!
9. Kannst du mir bitte die Zeitung geben!
10. Ich wünschte, unsere Mannschaft _____! (gewinnen)
11. Wenn ich doch Urlaub _____! (haben)
12. _____ ich doch nur reich! (sein)

ÜBUNGEN

A. *Bilden Sie den irrealen Konjunktiv; benutzen Sie eine **würde** + Infinitiv-Konstruktion, wenn es möglich ist:*

1. In einem anderen Land bringt die gleiche Umfrage ein anderes Ergebnis.
2. Wenn ich kann, werde ich Förster.
3. Wenn er das weiß, ist es einfacher für ihn.
4. Eine solche Antwort hilft ihr nicht.
5. Unter anderen wirtschaftlichen Umständen hat er einen anderen Beruf.
6. Wir machen viele Dinge verschieden, wenn wir noch einmal von Neuem beginnen.
7. Wenn es uns Freude macht, reisen wir auch um die Welt.

8. Wenn ihr ins Theater geht, kommt sie mit.
9. Wir trinken Heurigen, wenn wir in Wien sind.
10. Wenn der Ober die Zeitung bringt, lese ich sie.
11. Mit einer besseren Vorbereitung ist man in jedem Beruf erfolgreicher.
12. Wenn ich kann, arbeite ich überhaupt nicht.
13. Ich sage dir die Lösung, wenn ich sie weiß.
14. Wenn sie kann, kauft sie französischen Käse.
15. Wenn du mir das Problem erklärst, weiß ich vielleicht eine Antwort.
16. Wenn man es will, dann kann man es auch.

B. *Formen Sie den irrealen Konjunktiv in der Vergangenheit (past) mit den Sätzen in Übung A.*

C. *Formen Sie den irrealen Konjunktiv in den folgenden Bitten (requests):*

1. Kannst du mir bitte das Problem erklären!
2. Zeigen Sie mir bitte die Zeitung!
3. Bringen Sie uns bitte noch eine Flasche Wein!
4. Sind Sie so freundlich, mir zu helfen!
5. Können Sie noch eine Minute warten!

D. *Bilden Sie Wünsche; beginnen Sie den Satz mit der angegebenen Konstruktion:*

1. Ich bin (doch) ein berühmter Fußballspieler. [verb]
2. Dieses Buch ist interessanter. (ich wünschte, daß)
3. Sie ist (doch) hier. (wenn)
4. Ich weiß (doch) die richtige Antwort auf die Frage. [verb]
5. Der Arbeitslose ist qualifiziert. (ich wünschte, daß)
6. Wir können (doch) Deutsch sprechen. (wenn)

E. *Übersetzen Sie ins Englische:*

1. Man wird das Problem sicher eines Tages lösen können.
2. Ich wünschte, daß die Lage bis dahin nicht schlimmer würde.
3. Ich wußte von vornherein, daß ich die Stellung verlieren würde.
4. Wenn ich doch nur Urlaub hätte!
5. Würden Sie so freundlich sein, mir die Tür zu öffnen.

F. *Sagen Sie auf deutsch:*

1. He still wants to become a forest manager.
2. If she had been there, everything would have been different.
3. Could you please bring me a cup of coffee.
4. If I only had thought of it.
5. If we could change it, we certainly would do it.

GESPRÄCHSTHEMEN

1. Nennen Sie einige Ihrer Traumberufe!
2. Was finden Sie in einem Beruf besonders wichtig?
3. Möchten Sie einmal viel Geld verdienen?

KLEINE AUFSATZTHEMEN

1. Was möchten Sie einmal werden? Warum?
2. Wird die Frauenbewegung den Arbeitsmarkt ändern? Wie?
3. Beschreiben Sie die Arbeit, die Sie am liebsten tun würden!

VOKABULAR

aktuell acute; topical
das **Alter, -** age
die **Angabe, -n** description; statement
der **Architekt, -en** architect
der **Arzt, ̈e** physician
außerordentlich extraordinary
der **Bahnhof, ̈e** train station
der **Beamte, -n (ein Beamter)** civil servant
beantworten to answer
befragen to ask
der **Beruf, -e** occupation
der **Berufssoldat, -en** professional soldier
bitte please
die **Bitte, -n** request
der **Chemiker, -** chemist
die **Demoskopie** opinion poll(ing)
das **Ergebnis, -se** result
das **Flugplatz, ̈e** airport
folgendermaßen as follows
formulieren to formulate
der **Förster, -** forest manager
die **Freiheit** freedom
die **Freude, -n** pleasure, joy
der **Friseur, -e** barber
führen (zu) to lead (to)
gefallen, gefällt, gefiel, gefallen to like; to enjoy; to please
das **Gefühl, -e** feeling, sensation
gewiß certain
gleich same; right away
die **Hausfrau, -en** housewife
hingegen on the other hand
der **Hochschulprofessor, -en** university professor
die **Illustrierte, -n** magazine
der **Ingenieur, -e** engineer
das **Institut, -e** institute
(sich) interessieren to be interested

irreal unreal
der **Journalist, -en** journalist
die **Kindheit** childhood
der **Koch, ̈e** cook; chef
der **Konditor, -en** pastry-cook
der **Konjunktiv** subjunctive
der **Kraftfahrer, -** truck driver
der **Landwirt, -e** farmer
lauten to read, sound
der **Lehrer, -** teacher
die **Liste, -n** list
der **Lokomotivführer, -** locomotive engineer
der **Mann, ̈er** man; husband
der **Mechaniker, -** mechanic
nämlich namely; that is (to say)
der **Offizier, -e** military officer
der **Pastor, -en** pastor
der **Pfarrer, -** minister, preacher
der **Pilot, -en** pilot
der **Psychologe, -n** psychologist
der **Rechtsanwalt, ̈e** lawyer
das **Resultat, -e** result
der **Richter, -** judge
der **Seemann, Seeleute** sailor
soweit so far
spielen to play
statistisch statistically
träumen to dream
überraschen to surprise
die **Überraschung, -en** surprise
die **Umfrage, -n** opinion poll
der **Umstand, ̈e** circumstance
die **Unabhängigkeit** independence
unbedingt absolutely; unconditional
unwahrscheinlich unlikely
die **Vergangenheit** past (tense)
der **Verkehrspilot, -en** commercial airline pilot

der **Vertreter, -**   salesman
  von vornherein   from the beginning
die **Vorbereitung, -en**   preparation
  vor·legen   to put to, submit

der **Vorzug, ⁻e**   virtue; merit; advantage
der **Wandel**   change
  zeigen   to show
  zugleich   at the same time

10 Tips zum Energiesparen

Seit der Ölkrise im Jahr 1973 versucht man überall auf der Welt,
Energie zu sparen. Andere, neue Energiequellen, die die Rolle des Öles
in der Energieversorgung eines ganzen Landes übernehmen könnten,
sind umstritten[1]. Die Kernenergie wird von den Umweltschützern[2]
angegriffen, die meinen, daß die damit verbundenen Gefahren noch   5
nicht klar erkannt und bewältigt werden können, und die Sonnenenergie scheint technologisch noch nicht weit genug entwickelt zu sein.
  Energiewissenschaftliche[3] Institute weisen immer wieder daraufhin, daß es wenige private Verbraucher gäbe, die mit den
grundsätzlichen Tatsachen des Energiekonsums[4] vertraut seien. So   10
kann man im Fernsehen immer wieder hören, daß Wäschetrocknen
mit Hitze hundertmal so viel Energie verbrauche wie mechanisches
Trocknen durch Schleudern[5]. Die meisten wüßten auch nicht, daß ein
Wasserhahn[6], der drei Minuten offen bleibt, eine Kilowattstunde
Elektrizität verbrauche. Ganz allgemein kommen alle Untersu-   15
chungen zu ähnlichen Resultaten, nämlich daß für uns in den
Industrieländern Strom und Wärme aus Heizkraftwerken, Elek-
trizitäts- und Gaswerken[7] selbstverständlich geworden sind. Auch
wird immer wieder daraufhingewiesen, daß sich im privaten Haus-
halt viel Energie und Geld sparen ließe, ohne daß der persönliche   20
Komfort dafür eingeschränkt werden müsse.
  Im folgenden sind einige typische Tips zum Energiesparen, die man
regelmäßig in deutschsprachigen Zeitungen lesen kann:

  Vor dem Kauf eines stromintensiven[8] Gerätes (Waschmaschine,
  Geschirrspüler, Kühlschrank) solle man sich über seinen Ver-   25
  brauch informieren. Der Verbrauch sei von Hersteller zu Hersteller sehr unterschiedlich.

---

1. controversial. 2. environmentalists. 3. for the science of energy. 4. energy
consumption. 5. spinning. 6. water faucet. 7. power plants for heating, electricity,
and gas. 8. with a high consumption of electricity.

Wichtig sei auch, daß man die Geräte, die viel Strom verbrauchen, rationell ausnutze. Zu viele Verbraucher ließen ihre Waschmaschinen und Geschirrspüler halbleer laufen, packten jedoch ihre Kühlschränke und -truhen häufig zu voll.   30

Eine wichtige aber unbekannte Tatsache sei, daß Waschmaschinen und Geschirrspüler 95% des Stromes zum Aufheizen des Wassers und nur 5% für den Betrieb des Motors brauchten, wenn sie nicht an eine Heißwasserleitung[9] angeschlossen seien. Der   35
Einbau eines Mischaggregats[10] ermögliche den rationellen Verbrauch von heißem Wasser direkt aus dem häuslichen Versorgungssystem[11].

Zum Eier-, Kartoffel-[b] und Kaffeekochen solle man das Wasser immer aus dem Warmwasserhahn entnehmen.   40

Am Abend bevor man zu Bett ginge, solle man die Heizungstemperatur[12] senken.

Räume, die man selten brauche, könne man leicht sparsamer heizen. Jedoch dürfe man die Heizung nie ganz abdrehen, weil die Kälte in anliegende[13] Zimmer eindringe und dort dann eine   45
höhere Heizleistung[14] erfordere.

Auch sei es unklug, die Fenster den ganzen Tag zu öffnen; hierdurch steige der Wärmeverbrauch[15] eines Raumes um 50%. Man solle lieber öfter für kurze Zeit lüften[16]

Schließlich wird auch oft daraufhingewiesen, daß eine   50
regelmäßige Kontrolle und Wartung der Heizanlage wichtig sei, denn · verrußte[17] oder mit falscher Luftzufuhr[18] brennende Heizungen verschwendeten Energie, verunreinigten die Luft und kosteten unnötig Geld.

Durch Abdichten[19] der Fenster und Türen und durch das Isolieren   55
der Außenwände[20] und Decken ließen sich in Ein- und Zweifamilienhäusern[21] über 40% des Wärmeverlusts vermeiden.

Man könnte sich natürlich fragen, ob solche Tips nicht zu einfach und zu oberflächlich sind. Man muß aber dennoch oft auf sie hinweisen, weil sie genau wegen ihrer Einfachheit[22] vergessen werden   60
könnten. Denn es geht bei der Lösung des hier angesprochenen[23] Problems neben der Entwicklung neuer Energiequellen vor allem um eine sinnvollere Ausnutzung[24] der vorhandenen Energie, als dies bisher der Fall war. Schließlich sollte man bedenken: nicht jeder von uns kann eine neue Energiequelle finden, aber Energie sparen können   65
wir alle.

---

9. hot-water pipe.   10. converter.   11. supply system.   12. furnace temperature.   13. adjacent.   14. heat output.   15. heat consumption.   16. ventilate.   17. plugged by soot.   18. air intake.   19. sealing.   20. exterior walls.   21. single-family and two-family homes.   22. simplicity.   23. addressed.   24. utilization.

„ . . Energie sparen können wir alle."

Bemerkungen

a. One such institution renowned in the Federal Republic is associated with the Technical University in Munich.

b. Since boiled eggs for breakfast and boiled potatoes for lunch or dinner are common features of these meals in Germany, an energy-saving way for preparing these foods is of special interest to the German consumer.

Wichtige Redewendungen und Konstruktionen

noch nicht	*not yet*
es geht um	*it is about, it concerns*
vor allem	*above all*
(es) ist der Fall	*(it) is the case*

Fragen

1. Was versucht man seit der Ölkrise im Jahr 1973?
2. Was könnte man über andere Energiequellen sagen, die die Rolle des Öles in der Energieversorgung übernehmen könnten?
3. Was meinen die Umweltschützer zur Kernenergie?
4. Was könnte man über die Sonnenenergie sagen?
5. Worauf weisen energiewissenschaftliche Institute immer wieder hin?
6. Was wissen die meisten Verbraucher nicht über das Wäschetrocknen?
7. Wieviel Elektrizität verbraucht ein Wasserhahn, der drei Minuten offen bleibt?
8. Was ist für uns selbstverständlich geworden?
9. Was kann man tun, ohne den persönlichen Komfort dafür einzuschränken? *to diminish, limit*   *appliance*
10. Was soll man vor dem Kauf eines stromintensiven Geräts tun?
11. Was machen viele Verbraucher mit ihren Waschmaschinen und Kühlschränken falsch?
12. Wieviel Strom verbraucht eine Waschmaschine zum Aufheizen des Wassers, und wieviel verbraucht sie zum Betrieb des Motors?
13. Was soll man tun, bevor man abends zu Bett geht?
14. Warum soll man die Heizung in einem Raum nie ganz abdrehen? *turn off*
15. Wie soll man lüften? *heating systems   regular*
16. Warum soll man die Heizungsanlage regelmäßig kontrollieren?
17. Wodurch läßt sich 40% des Wärmeverlusts in einem Haus vermeiden?
18. Warum sollte man auf diese Tips immer wieder hinweisen?
19. Worum geht es bei der Lösung des Energieproblems?

Solution

20. Was können wir alle tun, um die Energiekrise zu lösen?

GRAMMATIKALISCHE ERKLÄRUNGEN

Indirect Subjunctive: The Subjunctive in Indirect Discourse

a. Forms:

1. The present indirect subjunctive is formed for all verbs (except **sein**) by adding the subjunctive personal endings (see Chapter 9, page 84) to the infinitive stem of the verb[1]:

INFINITIVE	STEM	PRESENT INDIRECT SUBJUNCTIVE	
laufen	**lauf-**	ich **laufe**	du **laufest**
müssen	**müss-**	ich **müsse**	du **müssest**
haben	**hab-**	ich **habe**	du **habest**

The forms of the 1st person singular, the 1st person plural, and the 3rd person plural are identical with the indicative forms:

PRESENT INDICATIVE	PRESENT INDIRECT SUBJUNCTIVE
ich **bringe**	ich **bringe**
wir **bringen**	wir **bringen**
sie **bringen**	sie **bringen**

The present indirect subjunctive of **sein** is irregular:

	SINGULAR		PLURAL	
1ST PERSON	ich	**sei**	wir	**seien**
2ND PERSON	du	**seiest**	ihr	**seiet**
3RD PERSON	er, sie, es	**sei**	sie	**seien**
FORMAL				
ADDRESS		Sie **seien**		

2. The past indirect subjunctive is formed with the present indirect subjunctive forms of the auxiliaries **haben** or **sein** + the past participle of the main verb[2]:

er **habe versucht**   er **sei gegangen**

---

1. Traditionally, the indirect subjunctive has been called "Subjunctive I" because of the use of the infinitive for its formation.

2. The indirect subjunctive for the future, the future perfect, and the passive voice is formed by using the indirect subjunctive of the appropriate conjugated auxiliary, for example:

FUTURE INDIRECT SUBJUNCTIVE: er **werde kaufen**
PRESENT PASSIVE INDIRECT SUBJUNCTIVE: es **werde gelesen**

b. Uses

1. In formal German, the indirect subjunctive is used to report an utterance of another person, if the speaker or writer does not intend to vouch for its accuracy. If the quotation is introduced by the subordinating conjunction **daß,** dependent word order is used:

DIRECT DISCOURSE: Der Politiker sagt: „Kernenergie **ist** nicht gefährlich."

INDIRECT DISCOURSE: Der Politiker sagt, **daß** Kernenergie nicht gefährlich **sei**

The conjunction **daß** may be omitted; normal word order or inverted word order is then used:

Der Politiker sagt, **Kernenergie sei** nicht gefährlich.
Der Politiker sagt, gefährlich **sei Kernenergie** nicht.

If the speaker or writer who reports the utterance wants to express the conviction that the quoted statement is true, the indicative may be used:

Der Politiker sagt, Kernenergie **ist** nicht gefährlich.

In order to avoid ambiguity, the unreal-subjunctive forms are used when the forms of the indirect subjunctive and the indicative are identical: 1st person singular, 1st person plural, and 3rd person plural of all verbs except **sein:**

DIRECT DISCOURSE: Sie sagen: „Morgen **fahren** wir nach Berlin."

INDIRECT DISCOURSE: Sie sagen, daß sie morgen nach Berlin **führen.**

2. Note that in modern informal German the indirect subjunctive is less and less frequently used; the unreal subjunctive or the indicative have replaced the indirect subjunctive to a large extent.

3. The tense in the quotation is not influenced by the tense in the introductory clause but only by the tense used in the utterance that is being reported. The tense of the indirect quotation remains the same as in the utterance. Remember, there is only one tense for the past subjunctive.

4. Indirect questions are introduced either by the question word used in the quoted question, or, in a yes/no-question, by the subordinating conjunction **ob** *(if).* Note that dependent word order is used:

DIRECT DISCOURSE: Sie fragte: „**Wann willst du** ins Bett gehen?"
INDIRECT DISCOURSE: Sie fragte, **wann er** ins Bett gehen **wolle.**

DIRECT DISCOURSE: Er fragt: „**Willst du** ein Ei zum Frühstück?"
INDIRECT DISCOURSE: Er fragt, **ob sie** ein Ei zum Frühstück **wollte.**

5. Indirect imperatives are formed with the auxiliary **sollen:**

DIRECT DISCOURSE: Er hat gesagt: „**Dreh** die Heizung **ab!**"

INDIRECT DISCOURSE: Er hat gesagt, **daß du** die Heizung **abdrehen sollst.**

6. Depending on the context, it sometimes becomes necessary to change personal pronouns, possessive pronouns, and reflexive pronouns when reporting an utterance of another person:

DIRECT DISCOURSE: Sie sagt: „Ich habe mir einen Kühlschrank für mein neues Haus gekauft."

INDIRECT DISCOURSE: Sie sagt, daß sie sich einen Kühlschrank für ihr neues Haus gekauft hätte.

ANWENDUNG

Bilden Sie die indirekte Rede:

1. Er sagt: „Ich versuche, Energie zu sparen."
2. Sie sagte: „Ich wußte nicht, wieviel Strom der neue Kühlschrank verbraucht."
3. Wir fragten sie: „Warum mußtet ihr eine neue Waschmaschine kaufen?"
4. Er fragte sie: „Bist du schon einmal mit deinem Auto in Berlin gewesen?"
5. Sie sagte zu mir: „Gib mir bitte meine Zeitung!"

ÜBUNGEN

A *Bilden Sie die indirekte Rede. Benutzen Sie* **daß,** *wenn es angegeben ist:*

1. Sie sagte: „Ich will heute keine Kartoffeln essen."
2. Ich fragte ihn: „Hast du auch an den Energieverbrauch des neuen Kühlschrankes gedacht?"
3. Sie sagte: „Ich laufe jeden Tag 1000 m." (daß)
4. Sie sagte zu ihm: „Sei im Urlaub sparsam!"
5. Der Journalist fragte den Politiker: „Wann lösen Sie das Energieproblem?"
6. Der Mechaniker sagte zu mir: „Ich muß noch Ihre Heizungsanlage kontrollieren (*check*)."
7. Ich sagte zu ihm: „Tun Sie das!"
8. Sie fragte ihn: „Hast du die Wäsche getrocknet?"
9. Er sagte: „Mein Auto verbraucht zuviel Öl." (daß)
10. Sie sagte zu ihm: „Öffne nicht immer den Kühlschrank!"
11. Der Politiker sagt: „Man muß das Problem lösen."
12. Ich fragte sie: „Kannst du mir bitte die Tür öffnen?"
13. Er sagte: „Mein persönlicher Komfort war mir wichtiger als das Energiesparen."
14. Sie schrieben: „Wann besucht ihr uns mal wieder?"
15. Sie sagte: „Verschwende keine Energie!"

B. *Übersetzen Sie ins Englische:*

1. Die Umweltschützer meinten, daß Kernenergie noch zu gefährlich ist.

2. Er fragte, ob das wirklich der Fall sei.
3. Der Politiker sagte, es gehe ihm vor allem um das Energiesparen.
4. Dieses Problem ist nicht zu lösen.
5. Ich sagte dem Mechaniker, er solle die Heizung abdrehen.

C. *Sagen Sie auf deutsch:*

1. The solution to this problem has not yet been found.
2. One can read in many newspapers that housewives are not familiar with the saving of energy.
3. We should ask ourselves where new sources of energy can be found.
4. She told me not to forget to buy some French cheese.
5. She said she rarely drank Italian wine.
6. I always go to bed at eleven o'clock.
7. Up to now, my car has not used too much oil.
8. The journalist asked what the politician thought about solar energy.
9. She said that she regularly lowered the furnace temperature.
10. It was pointed out that one should always check the energy consumption of a new appliance before buying it.

GESPRÄCHSTHEMEN

1. Glauben Sie, daß die meisten Amerikaner mit den Tatsachen des Energieverbrauchs vertraut sind?
2. Glauben Sie, daß sich viel Energie in Ihrem Haushalt sparen ließe?
3. Welche Tips zum Energiesparen finden Sie besonders gut? Warum?
4. Welche Tips sind für die USA nicht aktuell? Warum?

KLEINE AUFSATZTHEMEN

1. Schreiben Sie in Ihren eigenen Worten einige Tips zum Energiesparen!
2. Erklären Sie, auf welchen Gebieten das Energiesparen seit 1973 besonders erfolgreich, und wo es besonders erfolglos gewesen ist!

VOKABULAR

ab·drehen to turn off
an·greifen, griff, angegriffen to attack
an·schließen, schloß, angeschlossen to connect, attach
auf·heizen to heat
aus·nützen to utilize

bedenken, bedachte, bedacht to remember; to think
der **Betrieb, -e** operation; business
das **Bett, ten** bed
bewältigen to surmount
bisher up to now

brauchen to use; need
brennen, brannte, gebrannt to burn
hin·weisen auf, wies, hingewiesen
to point out
die **Decke, -n** ceiling; blanket
deutschsprachig of the German language
direkt direct
das **Ei, -er** egg
der **Einbau** installation
ein·schränken to diminish; limit
die **Elektrizität** electricity
die **Energie, -n** energy
die **Energiequelle, -n** source of energy
das **Energiesparen** saving of energy
die **Energieversorgung** supply of energy
entnehmen, entnimmt, entnahm, entnommen to take (away)
erforden to require, demand
ermöglichen to make possible
das **Fenster, -** window
fragen to ask
die **Gefahr, -en** danger
genug enough
das **Gerät, -e** appliance
der **Geschirrspüler, -** dish washer
grundsätzlich fundamental
halbleer half empty
der **Haushalt, -e** household
häuslich domestic
heiß hot
die **Heizanlage, -n** heating system
heizen to heat
die **Heizung, -en** (central) heating
der **Hersteller, -** producer
hierdurch hereby
die **Hitze** heat
das **Industrieland, -er** industrialized
country
(sich) informieren to inform; to
check
isolieren to insulate
das **Kaffeekochen** cooking of coffee
die **Kälte** cold (noun)
die **Kartoffel, -n** potato
der **Kauf, -e** purchase
die **Kernenergie** nuclear energy
die **Kilowattstunde, -n** kilowatthour
der **Komfort** comfort
kontrollieren to check

kosten cost
der **Kühlschrank, -e** refrigerator
die **Kühltruhe, -n** freezer
laufen, läuft, lief, ist gelaufen to run
die **Luft** air
mechanisch mechanical
der **Motor, -en** motor
oberflächlich superficial
öffnen to open
das **Öl, -e** oil
packen to load; pack
persönlich personal
rationell efficient
der **Raum, -e** room
regelmäßig regular
selten rare
senken to lower
sinnvoll sensible
die **Sonnenenergie** solar energy
sparsam frugal
der **Strom** electrical current
der **Tip, -s** suggestion
trocknen to dry
über·nehmen, · nimmt, · nahm, übernommen to take over
unbekannt unknown
unklug unwise
unnötig unnecessary
unterschiedlich different
die **Untersuchung, -en** investigation
der **Verbrauch** consumption
verbrauchen to consume
vermeiden, vermied, vermieden to
avoid
verschwenden to waste
vertraut sein to be familiar
verunreinigen to pollute
voll full
die **Wärme** heat; warmth
der **Wärmeverlust, -e** loss of heat
der **Warmwasserhahn, -e** warm-water
faucet
die **Wartung** service
die **Waschmaschine, -n** washing machine
das **Wäschetrocknen** drying of laundry
der **Wasserhahn, -e** water faucet
das **Zimmer, -** room
zuviel too much

11 Die rote Rose auf dem Fensterbrett[1]

*In der Wiener Zeitung KURIER gibt es einen Teil,
in dem versucht wird, alten Menschen mit ihren
Problemen zu helfen.*

Das ist, wenn Sie wollen, eine Lesebuchgeschichte[2], die Sie zur Anregung[3] und zum Trost[4] verwenden können: die Menschen sind nicht so
schlimm, wie wir das immer glauben.

Da lebt unter uns eine Dame, die dem 70er zugeht[5] und die seit neun
Jahren Witwe ist. Die vier Söhne sind natürlich längst verheiratet. Das   5
heißt: sie ist allein, so richtig allein, Tage und Wochen. Sie ist gar nicht
mehr gewohnt, Menschen um sich zu haben. Das Leben geht seinen
Trott — lange schlafen, das Frühstück wird stehend eingenommen[6],
denn warum soll sie es sich gemütlich machen? Das weckt nur Erinnerungen, und das stimmt[7] traurig.   10

Für Frau S. gibt es einen Lichtblick[8] im Tag. Sie geht gerne einkaufen,
immer zu einem anderen Kaufmann, denn da sind Verkäuferinnen und
Händler, mit denen sie reden kann. Sie mag die Großmärkte nicht, sie
sind ihr zu unpersönlich. Manchmal überwältigt sie die Einsamkeit.
Sie reißt dann die Fenster auf[9], damit etwas Leben von der Straße   15
hereinkommt, Benzingestank[10], worüber man sich ärgern kann, Leute,
die vorbeigehen, da schrillt[11] das Telefon! Es ruft jemand an? Wer kann
denn das sein? Vor lauter Freude stolpert[12] sie über den Staubsauger[13]
und läuft zum Apparat, sie sagt ihren Namen[a] und dann hört sie:
„Entschuldigen Sie, bitte, falsch verbunden[14]!"   20

Frau S. haßt Sentimentalitäten, und doch kommen ihr jetzt die
Tränen. Falsch verbunden oder besser gesagt, gar nicht mehr in der

---

1. window sill.   2. human-interest story.   3. stimulation.   4. solace.   5. approaching
seventy.   6. eaten.   7. makes.   8. bright moment.   9. throws open.   10. gasoline
odor.   11. shrills.   12. stumbles.   13. vacuum cleaner.   14. wrong number.

Abgedruckt mit Genehmigung der Redaktion der Wiener Tageszeitung KURIER, erschienen am 18. März 1978.

„. . . die Mitgefährten unseres Daseins . . ."

Leitung[15]. Sie geht zum Fenster zurück, und da liegt auf dem Fensterbrett (Frau S. wohnt im Parterre[16])[b] eine rote Rose.

Eine Frau freut sich immer über Blumen, aber diese rote Rose war 25
Frau S. viel mehr als der Blumengruß eines Unbekannten. Diese rote Rose sagte einfach: Du bist nicht allein und es denkt jemand an dich.

Menschen, die unter Menschen leben, die genügend Abwechslung haben, die werden sich über die rote Rose nicht viel Gedanken machen. Eine Nachbarin, die Hausbesorgerin[17], der Pensionist[18] vom dritten 30
Stock, irgendeiner wird auf die Idee gekommen sein, die Blume hinzulegen, um der Frau S. ein bißchen Freude zu machen. Vielleicht war es auch nur Zufall, die Blume lag auf der Straße, jemand hob sie auf, in der Meinung[19], die Rose gehöre auf das Fensterbrett. Wie immer es war, dieser Frau S. hat die Rose den Glauben an die Menschen 35
zurückgegeben.

Eine simple Geschichte mit einer ungeheuren Moral. Wie oft wären wir in der Lage, diese Freude einem Mitmenschen zu machen. Es müßte nicht einmal eine Rose sein. Ein freundlicher Gruß, ein hingeworfener Satz: „Wie geht es Ihnen? Ich freue mich, Sie zu sehen!" Schon wird der 40
Himmel heller und das scheinbar sinnlose Leben eines einsamen Menschen mit ein klein wenig Hoffnung erfüllt. Es gibt freundliche Leute, die nicht nur an sich denken und die bereit sind, ein wenig Anteil zu nehmen am Leben eines anderen.

Wir alle brauchen sie, die Mitgefährten[20] unseres Daseins[21], die uns 45
Blumen auf das Fensterbrett legen. Da wir nicht alle im Parterre wohnen, würde es genügen, sie in den Briefschlitz[22] in der Tür zu stecken. Ich habe die Hoffnung, daß diese Zeilen für Sie ein wenig anregend sein könnten. Denken Sie einmal nach, vielleicht fällt Ihnen jemand ein, der diesen Blumengruß von Ihnen dringend erwartet. 50

Bemerkungen

    a. It is customary to give your name on the phone when answering.
    b. In Germany, the first floor is equivalent to the second floor in America; the first or ground floor is called **Parterre**.

Wichtige Redewendungen und Konstruktionen

das Leben geht seinen Trott	*life grinds on*
es sich gemütlich machen	*to pamper oneself*
Erinnerungen wecken	*to bring back memories*
vor lauter Freude	*full of joy*
Entschuldigen Sie bitte!	*Excuse me!*

---

15. disconnected.　16. first floor.　17. superintendant.　18. pensioner.　19. thinking.
20. companions.　21. existence.　22. mail slot.

auf die Idee kommen	*to have an idea*
ein bißchen Freude machen	*to bring a little joy into life*
Wie geht es Ihnen?	*How are you?*

Fragen

1. Warum können Sie diese Geschichte zur Anregung und zum Trost verwenden? use
2. Was wissen Sie über die Dame in dieser Geschichte?
3. Warum macht sich Frau S. es nicht mehr gemütlich?
4. Was für einen Lichtblick im Tag gibt es für Frau S.?
5. Warum reißt Frau S. manchmal die Fenster auf?
6. Wer ruft Frau S. an?
7. Was findet Frau S., als sie zum Fenster zurückgeht?
8. Was bedeutet der Blumengruß für Frau S.?
9. Wie können wir unseren Mitmenschen eine Freude machen?
10. Kennen Sie jemand, dem Sie eine Freude machen können? Was werden Sie tun?

ÜBUNGEN

A. *Bilden Sie vollständige Sätze mit den gegebenen Satzelementen in den angegebenen Zeiten:*

1. können [present] / freundlich / Blumengruß / sein / anregend / Abwechslung
2. hinlegen [past] / unbekannt / Mitmensch / rot / Rose / auf / Fensterbrett
3. machen [future] / unpersönlich / Gruß / wahrscheinlich / viele / alt / Mensch / traurig
4. sich ärgern [pres. perf.] / einsam / Dame / über / sinnlos / Anruf / nicht
5. müssen [past] / ich / über / dieser / simpel / Satz / lang / Zeit / nachdenken
6. werden [pres. perf.] / Himmel / über / Stadt / hell
7. sollen [present] / Frühstück / gemütlich / sein
8. sein [present] / freundlich / Mitmensch [plural] / für / alle / alt / Mensch [plural] / wichtig
9. sich entschuldigen [past] / der Unbekannte / freundlich / bei / alt / Dame
10. einkaufen [present] / wir / wegen / Abwechslung / auch / gern / in / unpersönlich / Großmarkt [plural]

B. *Bilden Sie vollständige Sätze mit den gegebenen Satzelementen in den angegebenen Zeiten:*

1. anrufen [pres. perf.] / unser / Nachbarin [subject] / du

2. überwältigen [past] / Geschichte [subject] / ich
3. sich entschuldigen [future] / ich [subject] bei / er
4. nachdenken [past] / Frau S. / lange / über / rot / Rose
5. zurückgeben [pres. perf.] / er [subject] / Zeitung / sie [sing.] / schon
6. einfallen [present] / Name [subject] / neu / Nachbarin / ich / nicht
7. sich öffnen [past] / Tür / langsam / / und / / hereinkommen [past] / unbekannt / Dame
8. erfüllen [pres. perf.] / vier / verheiratet / Sohn / alt / Frau / alle / Wunsch
9. sich ärgern [future] / er / vielleicht / über / solch ein / sinnlos / Anruf
10. vorbeigehen [pres. perf.] / du / an /Großmarkt / / und / / einkaufen [pres. perf.] / etwas?

C. *Bilden Sie vollständige Sätze mit den gegebenen Satzelementen in den angegebenen Zeiten:*

1. nach Hause gehen [pres. perf.] / nach / spannend / Spiel / alle / fanatisch / Zuschauer
2. lesen [past perf.] / vor / unser / Reise / ich / lang / Buch / über / Schweiz
3. sein [pres. perf.] / wir / in / Urlaub / sowohl / in / Österreich / als auch / in / Schweiz
4. lösen [pres. perf.] / Problem / Wiedervereinigung / Deutschland / noch / nicht
5. essen [past perf.] / vor / Spiel / wir / Würstchen / mit / Senf
6. fahren [pres. perf.] / sie / weder / nach / Ost-Berlin / noch / in / DDR
7. wünschen [pres. perf.] / alle / Politiker / verbessert / Beziehung [plural]
8. werden [pres. perf.] / aus / eins / Deutschland / vor / Zweit- / Weltkrieg / zwei / nebeneinander / lebend / Staat
9. spielen [pres. perf.] / Fußball / ich / immer / gern
10. fliegen [pres. perf.] / Pilot / Flugzeug / sicher / über / gefährlich / Gebiet

D. *Übersetzen Sie ins Englische:*

1. Der Blumengruß hat viele Erinnerungen geweckt.
2. Man kann vielen Mitmenschen sehr leicht eine Freude machen.
3. Wie geht es dir heute?
4. Auf diese Idee wäre ich nie gekommen.
5. Vor lauter Freude über den Anruf sind mir die Tränen gekommen.

E. *Sagen Sie auf deutsch:*

1. I thought much about this story.
2. Sometimes one should pamper oneself.

3. Whatever one does, life grinds on.
4. Excuse me please, wrong number!
5. I am happy to see you!

GESPRÄCHSTHEMEN

1. Warum ist „Die Rose auf dem Fensterbrett" eine Lesebuch-geschichte?
2. Kennen Sie jemand, der von Ihnen einen Blumengruß erwartet?

KLEINE AUFSATZTHEMEN

1. Was ist die Moral der Geschichte „Die rote Rose auf dem Fensterbrett"?
2. Warum sind so viele alte Menschen allein?

VOKABULAR

die **Abwechslung, -en** diversion
allein alone
anregend stimulating
an·rufen, rief, angerufen to make a phone call
der **Anteil, -e** part
der **Apparat, -e** telephone
(sich) ärgern to be angry
die **Blume, -n** flower
der **Blumengruß, ⁻e** floral greeting
da there
die **Dame, -n** lady
doch nevertheless
dringend urgent
ein·fallen, fällt, fiel, ist eingefallen to think of
einsam lonely
die **Einsamkeit** loneliness
(sich) entschuldigen to apologize
erfüllen to fill
etwas some
freundlich friendly
gar nicht not at all
genügen to suffice
genügend sufficient
der **Glaube** faith
der **Großmarkt, ⁻e** supermarket
der **Bruß, ⁻e** greeting
der **Händler, -** salesman
hassen to hate
hell bright
herein·kommen, kam, ist hereinge-kommen to come in

der **Himmel** sky
hingeworfen casually dropped
hin·legen to lay there
die **Hoffnung, -en** hope
die **Idee, -n** idea
jemand somebody
der **Kaufmann, Kaufleute** merchant
längst 1adverb´ long
legen to lay
die **Leute (plural)** people
die **Leitung, -en** line
der **Mitmensch, -en** fellow man
die **Moral** moral (lesson)
die **Nachbarin, -nen** female neighbor
nach·denken, dachte, nach-gedacht to think, ponder
nicht einmal not even
reden to talk
die **Rose, -n** rose
der **Satz, ⁻e** sentence
scheinbar apparently
schlafen, schläft, schlief, geschlafen to sleep
schlimm bad
die **Sentimentalität, -en** sentimentality
simpel simple
sinnlos senseless
der **Sohn, ⁻e** son
stecken to put
der **Stock, Stockwerke** floor (level of a building)
die **Straße, -n** street
das **Telefon, -e** telephone

die **Träne, -n** tear
traurig sad
überwältigen to overwhelm
der **Unbekannte, -n (ein Unbekannter)**
  stranger
ungeheuer huge, enormous
unpersönlich impersonal
verheiratet married
die **Verkäuferin, -nen** sales woman, clerk

verwenden to use
vorbei-gehen, ging, ist vorbei-
  gegangen to pass
die **Witwe, -n** widow
wohnen to reside, live
die **Zeile, -n** line
der **Zufall, ⁻e** coincidence, chance
zurück-geben, gibt, gab, zurück-
  gegeben to give back

12 Bumerang

*Die Schweiz, ein neutrales Land seit 1815,
hat ein Verteidigungssystem, das diese
Neutralität garantieren kann.*

Die Verteidigung der Schweiz baut auf ein System, das den Kampf von
der Landesgrenze an vorsieht[1]. *Der mögliche Angreifer soll im voraus
wissen, daß ihn jeder Schritt Opfer an Menschen und Material kostet.
Einen wesentlichen Teil dieses Abwehrkampfs[2] sollen die Grenzbrigaden[3] führen. Sie werden in ihrer Aufgabe unterstützt durch die   5
Feldarmee[4] und deren technische Mittel.

Manöver der Grenzbrigaden sind daher durch einige Besonderheiten[5] gekennzeichnet: Die Truppe kämpft in einem Gebiet, in dem sie
regelmäßig übt, das sie kennt, weil ihr ganze Abschnitte[6] fest zugeteilt   10
sind. Sie verfügt[7] dabei über ein Netz von permanenten Anlagen. Es
sind dies Kommandoposten, unterirdische Unterkünfte[8] und Versor-
gungsanlagen. Sie werden ergänzt durch ein jeweils schnell zu er-
stellendes Netz von Feldbefestigungen[9]. Dazu kommen Sperrwerke[10]
aller Art. Man zählt in der Schweiz rund 4 000 permanente Straßen-   15
barrikaden, Geländehindernisse[11] und verminte[12] Gebiete. In den
Sperrwerken sind rund 400 Geschütze, 600 Panzerabwehrwaffen[13],
1 800 Maschinengewehre und sogar Schutzplätze[14] für ein Fünftel des
gesamten Bestands[15] der Armee vorhanden.

Die den Grenzbrigaden zugewiesenen Einheiten umfassen fast nur   20
Soldaten im Alter von 32 bis 46 Jahren. Sie stammen aus der Gegend,
können schnell mobilisiert werden und werden einen ersten Stoß eines
Gegners aufzufangen versuchen. Da sie dafür über die permanenten

---

1. anticipates. 2. defensive battle. 3. border patrols. 4. (field) army. 5.
peculiarities. 6. areas. 7. controls. 8. underground shelters. 9. fortifications. 10.
blocking devices. 11. natural obstacles. 12. mined. 13. antitank weapons. 14.
protected depots. 15. strength.

Abgedruckt mit Genehmigung der Redaktion des TAGES-ANZEIGER, Fernausgabe,
erschienen am 7. März 1978.

Einrichtungen verfügen, besteht Grund zur Annahme, daß sie dieser Primäraufgabe[16] mit guter Aussicht auf Erfolg nachkommen können. Im übrigen soll dann aus dieser Verteidigung heraus auch der Gegenstoß[17] in Zusammenarbeit mit der Feldarmee wirkungsvoll geführt werden können. Nicht umsonst heißt die laufende Übung der Grenzbrigade 6 „Bumerang". 25

In den Manövern dieser Tage stehen sich als blauer Verteidiger die Grenzbrigade 6 und als roter Angreifer Truppen der Felddivision 6 gegenüber. Die Übungsleitung[18] liegt beim Kommandanten der F Div 6, Divisionär[19] Frank Seethaler. Im Einsatz sind 15 000 Mann. 30

Divisionär Seethaler hat sein Ziel als Ausbilder[20] wie folgt umschrieben: Für Blau als Verteidiger geht es darum, Gelegenheit zu erhalten, die Führung zu schulen. Die Truppe hat drei Dinge zu üben: Verteidigen, Feuern, Bewegen. Für Rot gilt es, den „Angriff" in allen Varianten zu schulen. 35

Bemerkungen

a. In international relations, Switzerland and Austria have remained non-aligned. The Federal Republic of Germany is a member of the North Atlantic Treaty Organization, (NATO) and the German Democratic Republic is a member of the opposing alliance, the Warsaw Pact.

Wichtige Redewendungen und Konstruktionen

im voraus	*in advance*
es kostet Opfer	*it costs dearly*
mit guter Aussicht auf Erfolg	*with a good chance of success*
es geht darum	*it has the purpose*

Fragen

1. Worauf baut die Verteidigung der Schweiz auf?
2. Was soll der mögliche Angreifer im voraus wissen?
3. Wer soll den Abwehrkampf führen?
4. Wodurch sind die Manöver der Grenzbrigaden gekennzeichnet?
5. Worüber verfügt die Grenzbrigade?
s. Was für Sperrwerke gibt es im Verteidigungssystem der Schweiz?
7. Wie alt sind die Soldaten, die den Grenzbrigaden zugewiesen werden?

---

16. primary purpose. 17. counter attack. 18. direction of the (military) exercise.
19. division commander. 20. instructor.

8. Warum heißt die laufende Übung der Grenzbrigade 6 „Bumerang"?
9. Was bedeuten die Farben blau und rot in diesem Manöver?
10. Worin sollen Blau und Rot geschult werden?

ÜBUNGEN

A. *Bilden Sie Sätze mit den gegebenen Satzelementen in den angegebenen Zeiten:*

1. auffangen [past] / Verteidiger [plural] / Angriff
2. umschreiben [pres. perf.] / Kommandant / Ziel / Manöver / mit / wenige / Wort
3. sich bewegen [present] / Angreifer [plural] / langsam / zu / Straßenbarrikade
4. nachkommen [pres. perf.] / Einheit / ihr / Aufgabe / in / dieser / Manöver
5. unterstützen [past] / Feldarmee / wirkungsvoll / Grenzbrigade
6. zuteilen [past perf.] / vor / Manöver / man / Soldat [plural] / verschieden / Aufgabe [plural]
7. sich ansehen [imperative; informal singular] / bitte / Material [plural] / für / Manöver
8. erhalten [present] / solch ein / gut / Gelegenheit / man / nicht / oft
9. verfügen [present] / Grenzbrigade [plural] / in / Schweiz / über / fest / Unterkunft [plural] / an / Landesgrenze
10. ergänzen [pres. perf.] / Feldarmee [subj.] / Grenzbrigade

B. *Ändern Sie die Sätze zum Perfekt oder Plusquamperfekt:*

1. Einen wesentlichen Teil des Abwehrkampfes führen die Grenzbrigaden. (pres. perf.)
2. Sie werden dabei durch die Feldarmee unterstützt. (pres. perf.)
3. Der Truppe wurde vor dem Angriff ein ganzer Abschnitt fest zugeteilt. (past perf.)
4. Die Einheit verfügt über ein Netz von permanenten Anlagen. (pres. perf.)
5. Vor dem Manöver wird das Verteidigungssystem von dem Kommandanten erklärt. (past perf.)
6. Die Schweiz ist seit 1815 ein neutrales Land. (pres. perf.)
7. Jeder Schritt kostete Opfer an Material und Menschen. (past perf.)
8. Die blauen Verteidiger stehen den roten Angreifern gegenüber. (pres. perf.)
9. 15 000 Mann sind im Einsatz. (pres. perf.)
10. Manche Soldaten gehen nicht gern ins Manöver. (past perf.)

C. *Verbinden Sie die beiden Sätze mit der entsprechenden deutschen Konjunktion an der angegebenen Stelle:*

1. Ich hoffe. [*that*] Unsere Mannschaft gewinnt das nächste Spiel.
2. [*when*] Das Spiel war zu Ende. Die Zuschauer gingen nach Hause.
3. Im Vergleich mit Österreich ist die Bundesrepublik ein teures Land für Touristen. [*but*] Die Schweiz ist wahrscheinlich noch teurer.
4. Ich hatte viele Bücher gelesen. [*before*] Ich fuhr nach Europa.
5. Er will nicht nach Italien fahren. [*because*] Er spricht nicht Italienisch.
6. [*after*] Ich hatte West-Berlin gesehen. Ich besuchte auch Ost-Berlin.
7. [*when*] Ich habe ein Fußballspiel gesehen. Ich habe immer Würstchen mit Senf gegessen.
8. Er schrieb uns aus Europa. [*that*] Weder der Bus noch der Zug sind teuer.
9. Die Zuschauer lassen sich von dem Spiel unterhalten. [*and*] Sie trinken Bier.
10. [*although*] Ich verstehe fast nichts davon. Ich spiele gern Fußball.

D. *Übersetzen Sie ins Englische:*

1. Es geht bei diesem Manöver darum, die Landesgrenze zu verteidigen.
2. Sie wußten im voraus, daß sie Erfolg haben werden.
3. Jeder Krieg kostet Opfer an Menschen und Material.
4. Manöver in der Schweiz sind durch einige Besonderheiten gekennzeichnet.
5. Die Truppe verfügte nicht nur über Unterkünfte sondern auch über Befestigungsanlagen.

E. *Sagen Sie auf deutsch:*

1. Our team began the match with a good chance of success.
2. The attacking troops moved toward the border.
3. The blue defenders were confronted by the red attackers.
4. When the exercise began, there were 15 000 men in action.
5. After they had finished the exercise successfully, the soldiers went home.

GESPRÄCHSTHEMEN

1. Die Schweiz ist ein kleines und neutrales Land; warum braucht sie ein Verteidigungssystem?
2. Glauben Sie, daß im Fall eines Angriffs das Verteidigungssystem der Schweiz erfolgreich sein wird? Warum oder warum nicht?

successful

KLEINE AUFSATZTHEMEN

1. Beschreiben Sie in Ihren eigenen Worten das „Bumerang"-System!
2. Warum kann die Schweiz ein neutrales Land sein, die USA aber nicht?

VOKABULAR

der **Angreifer, -** attacker
die **Anlage, -n** installation
die **Armee, -n** army
die **Art, -en** type
  auf·fangen, fängt, fing, aufgefangen to absorb
die **Aussicht, -en** prospect, chance
  (sich) bewegen to move
die **Einheit, -en** unit
die **Einrichtung, -en** installation
der **Einsatz, ⁻e** action, mission
  ergänzen to supplement
  erhalten, erhält, erhielt, erhalten to receive
  erstellen to construct
die **Feldarmee, -n** field army
  fest firm
  feuern to fire
das **Fünftel, -** fifth
  garantieren to guaranty
der **Gegner, -** opponent
  gekennzeichnet characterized
die **Gelegenheit, -en** opportunity
das **Geschütz, -e** cannon, gun
  jeweils in each case
der **Kommandant, -en** commander
die **Landesgrenze, -n** border of a country
das **Manöver, -** maneuver
das **Maschinengewehr, -e** machine gun
das **Material, -ien** military equipment
das **Mittel, -** means
  mobilisieren to mobilize
  möglich possible
  nach·kommen, kam, ist nachgekommen to accomplish
das **Netz, -e** network

  neutral neutral
die **Neutralität** neutrality
das **Opfer, -** sacrifice
  permanent permanent
  schulen to train, school
der **Soldat, -en** soldier
  stammen to stem, originate
der **Stoß, ⁻e** thrust, blow
die **Straßenbarrikade, -n** street barricade
  technisch technical
die **Truppe, -n** troop
  üben to practice
  übrig remaining
  umschreiben, umschrieb, umschrieben to paraphrase
  umsonst for nothing, gratis
  unterirdisch subterranean, underground
die **Unterkunft, ⁻e** shelter
  unterstützen to support
die **Variante, -n** variant
  verfügen to control, have at one's disposal
die **Versorgungsanlage, -n** supply system
  verteidigen to defend
der **Verteidiger, -** defender
das **Verteidigungssystem, -e** system of defense
  wesentlich essential
  wirkungsvoll effective
  zählen to count
die **Zusammenarbeit** collaboration
  zu·teilen to allocate
  zu·weisen, wies zu, zugewiesen to allot to, assign to

„Viele Jugendliche in der DDR verbringen einen großen Teil ihrer Freizeit in Jugendklubs."

13 Jugendklubs beliebte Treffpunkte

In diesem Artikel wird gezeigt, wie die Freizeit der Jugendlichen in der DDR genau geplant ist.

Viele Jugendliche in der DDR verbringen einen großen Teil ihrer Freizeit in Jugendklubs. Nachdem die ersten Klubs am Anfang der sechziger Jahre gegründet wurden, entwickelten sie sich bis heute zu beliebten Treffpunkten. Gegenwärtig gibt es in unserem Land über 4 600 Klubs mit 120 000 aktiven Mitgliedern, die sich um die interessante und vielseitige Freizeitgestaltung Gleichaltriger[1] kümmern. Die Zahl dieser Klubs soll in den nächsten Jahren weiter steigen. 5

Die Mehrzahl der Klubs entstand auf Initiative der Jugendlichen selbst. Das beginnt beim Aufbau und reicht[2] bis zur Organisation der Veranstaltungen. In freiwilligen Arbeitseinsätzen[3] und oft mit Unterstützung von Betrieben halten die Mitglieder ihre Räume auch selbst instand. 10

Die Programme und Veranstaltungen sind in den letzten Jahren wesentlich vielseitiger geworden. Sie reichen von Tanzabenden, Diskussionen zu aktuell-politischen Themen bis zu Filmen, Dia-Serien[4] und populärwissenschaftlichen Vorträgen. Als eine neue Form der niveauvollen[5] Freizeitgestaltung erweisen sich Magazinprogramme[6], so in Crottendorf, Kreis Annaberg[a], und in anderen Klubs. Hier wird versucht, Vielseitigkeit in einer Veranstaltung zu bieten: Diskothek, Gespräche über Filme oder Literatur und anderes mehr. Um auf die Wünsche möglichst vieler Jugendlicher eingehen[7] zu können, wurden in einigen Klubs unterschiedliche Zirkel gebildet. Sozusagen als „Klub im Klub" wirken[8] in den Städten Merseburg und Suhl Fotoamateure, Tanzgruppen oder andere Hobbyzirkel. 15

20

1. of equal (or similar) age.   2. extends.   3. voluntary mobilization of labor.   4. slide shows.   5. of high (intellectual) level.   6. entertainment programs.   7. respond.   8. function.

Abgedruckt mit Genehmigung der Redaktion NEUES DEUTSCHLAND, erschienen am 27. März 1978.

Diskothek in Ost-Berlin

Am häufigsten ist es die Diskothek, die oft mehrmals in der Woche   25
in den Klub einlädt. Die Zahl der Diskothekveranstaltungen erhöht
sich ständig. Im vergangenen Jahr waren es ungefähr 90 000 solcher
Veranstaltungen. In Bernburg lädt der Jugendklub täglich zum
Jugendtanz ein. Zwei Abende davon sind jungen Eheleuten
vorbehalten[9].   30
Erfolge konnten besonders dort erreicht werden, wo die FDJ-Klubs[b]
eng mit den örtlichen Räten[10] zusammenarbeiten. In Borna bauten[11] die
Mitglieder des Klubs junger Eisenbahner[12] gemeinsam mit dem Rat, der
Nationalen Front[c] und zahlreichen Betrieben ein ehemaliges Alters-
heim[13] als neues Klubhaus aus. Die Kapazität des alten Gebäudes   35
reichte nicht mehr aus, um alle Interessenten aufnehmen zu können.
Auch im Freien finden bei günstigem Wetter Veranstaltungen statt,
unter anderem Modenschauen und Chorkonzerte[14].
Eine andere Form von Jugendklubs besteht an gesellschaftlichen
Einrichtungen. An Theatern und Museen sowie auch Zoos und Tier-   40
parks[15] pflegen[16] Wissenschaftler und Künstler mit Führungen oder
Exkursionen den Kontakt zu ihrem Publikum. Der Klub des Berliner
Tierparks besteht seit fast zwanzig Jahren. Die Jugendlichen erfüllen
auch Aufgaben im Naturschutz[17] und lernen dabei die heimische
Fauna[18] näher kennen.   45

Bemerkungen

a. **Kreis:** An administrative unit similar to a county in the United States.
b. **FDJ** stands for **Freie Deutsche Jugend.** The "Free German Youth," founded in 1946, is the all-embracing political mass organisation in the GDR.
c. In the "National Front," the political parties and mass organisations mobilize all sections of the population for joint action to develop a socialist society. It has committees in counties, districts, municipalities, and neighborhoods.

Wichtige Redewendungen und Konstruktionen

instand halten	to maintain, keep in order
sozusagen	so to speak
mehrmals in der Woche	several times a week
im Freien	outside, in the open air

---

9. reserved.   10. local council.   11. remodeled.   12. railroad employees.   13. home for the aged.   14. vocal concerts.   15. zoological gardens.   16. maintain.   17. preservation of nature.   18. local fauna.

Fragen

1. Wo verbringen viele Jugendliche in der DDR ihre Freizeit?
2. Wann wurden die ersten Jugendklubs gegründet?
3. Wieviele Jugendklubs mit wievielen Mitgliedern gibt es in der DDR?
4. Wie entstand die Mehrzahl dieser Klubs?
5. Was für Programme und Veranstaltungen bieten diese Klubs?
6. Was sind Magazinprogramme?
7. Was für „Klubs im Klub" gibt es?
8. Wer lädt die Mitglieder des Jugendklubs am häufigsten ein?
9. Wo haben die Jugendklubs die größten Erfolge?
10. Was für Veranstaltungen finden im Freien statt?
11. Was für eine Form von Jugendklubs gibt es in gesellschaftlichen Einrichtungen wie z.B. Museen und Zoos?
12. Wann wurde der Klub des Berliner Tierparks gegründet?

ÜBUNGEN

A. *Bilden Sie Sätze mit den gegebenen Satzelementen in den angegebenen Zeiten:*

1. ausreichen [pres. perf.] / Kapazität / alt / Klub / nicht / für / alle / Mitglied
2. bilden [pres. perf.] / Jugendlicher [plural] / viele / Hobbyzirkel / in / letzt- / Jahr [plural]
3. einladen [past perf.] / unser / Freund [plural; subj.] / wir / schon / vor / Ferien / zu / Dia-Abend
4. entstehen [pres. perf.] / nach / Vortrag / in / Publikum / lang / Diskussion
5. sich erweisen [pres. perf.] / Tanzabend [plural] / in / Klub / als / erfolgreichst- / Veranstaltung
6. gründen [past perf.] / Wissenschaftler [plural] / vor / zwanzig / Jahr / Klub / Berliner Tierpark
7. sein [pres. perf.] / leider / Wetter / nicht / gut / bei / Tanzabend / im Freien
8. stattfinden [past perf.] / Modenschau / vor / viele / Zuschauer
9. zusammenarbeiten [pres. perf.] / Mitglied [plural] / bei / Aufbau / Klubhaus / für / neu / gegründet / Klub / gut
10. sich kümmern um [past perf.] / Jugendlicher [plural] selbst / Programm

B. *Verbinden Sie die beiden Sätze mit der entsprechenden deutschen Konjunktion an der angegebenen Stelle:*

1. Ich weiß (es) nicht. [whether] Wird die Veranstaltung im Freien stattfinden?

2. [*as soon as*] Das Klubhaus ist fertig. Wir veranstalten einen Tanzabend.
3. [*after*] Der erste Klub war am Anfang der sechziger Jahre gegründet worden. Viele Jugendliche wurden Mitglieder.
4. Alle Mitglieder haben freiwillig geholfen. [*when*] Ein neues Klubhaus mußte gebaut werden.
5. [*although*] Der Vortrag war sehr interessant. Nur wenige Jugendliche waren erschienen.
6. Ich gehe nicht zu dem Tanzabend. [*but, on the contrary*] Ich sehe mir die Modenschau an.
7. Die Mitglieder haben immer zusammengearbeitet. [*when*] Es war notwendig.
8. In manchen Klubs gibt es mehrere Hobbyzirkel. [*because*] Viele Leute haben verschiedene Interessen.
9. Die Jugendlichen hoffen (es). [—] Die Zahl der Tanzabende wird weiter steigen.
10. Natürlich gibt es auch viele politische Veranstaltungen. [*for*] Die FDJ-Klubs arbeiten eng mit den örtlichen Räten zusammen.

C. *Fügen Sie die entsprechenden deutschen Wörter ein.*

1. Spanien ist wahrscheinlich ein _____ Reiseland _____ Italien. (*cheaper/than*)
2. Bei einer Ferienfahrt im Bus sieht man _____ _____ im Flugzeug. (*more/than*)
3. Hat er dir schon _____ _____ erzählt? (*everything/important*)
4. Während dieses Urlaubs habe ich _____ _____ erlebt. (*something/interesting*)
5. Eine Fahrt mit dem Zug ist _____ _____ mit dem Auto. (*more expensive/than*)
6. Der _____ Politiker war _____. (*younger/the most successful*)
7. _____ Wein ist im allgemeinen _____. (*older/better*)
8. Das _____ Bier schmeckt nicht immer _____. (*coldest/the best*)
9. Abenteuer im Urlaub sind _____ _____ _____ die Erholung. (*as important as*)
10. Die _____ Touristen sparen ein ganzes Jahr für ihren Urlaub. (*most*)

D. *Übersetzen Sie ins Englische:*

1. Die Jugendlichen hielten das Klubhaus sehr gut instand.
2. Wenn das Wetter gut ist, findet die Modenschau im Freien statt.

3. Wir gehen mehrmals in der Woche zum Tanzen.
4. Die Hobbyzirkel sind sozusagen „Klubs im Klub".
5. Ist das sozialistische System wirklich so gut wie das kapitalistische?

E. *Sagen Sie auf deutsch:*

1. Entertainment programs are more versatile than political programs.
2. The club houses are being built with more or less voluntary labor.
3. More and more people come to these events.
4. Some members are, of course, more active than others.
5. I don't like fashion shows as much as movies.

GESPRÄCHSTHEMEN

1. Wie finden Sie die Idee der Jugendklubs?
2. Würden Sie gern Mitglied eines Jugendklubs sein?

KLEINE AUFSATZTHEMEN

1. Finden Sie es richtig, daß politische Institutionen wie die FDJ einen Einfluß auf die Jugendklubs haben? Warum oder warum nicht?
2. Welche Programme und Veranstaltungen der Jugendklubs finden Sie besonders interessant?
3. Würden amerikanische Jugendliche für Jugendklubs wie in der DDR, wo die Freizeit genau geplant ist, Interesse zeigen?

VOKABULAR

aktiv active
der **Aufbau** building, construction
aus·reichen to suffice
bilden to form
die **Diskothek, -en** discothèque, disco
die **Diskussion, -en** discussion
die **Eheleute** (pl.) married couple
ein·laden, lädt, lud, eingeladen to invite
eng close
entstehen, entstand, ist entstanden to originate
(sich) erhöhen to rise
sich erweisen, erwies, erwiesen to prove; to render
die **Exkursion, -en** excursion
die **Fauna** fauna, animals
der **Film, -e** movie, film

die **Form, -en** form
der **Fotoamateur, -e** amateur photographer
frei free
freiwillig voluntary
die **Freizeitgestaltung, -en** recreational activities
die **Front, -en** front
das **Gebäude, -** building
gegenwärtig presently
gesellschaftlich social
das **Gespräch, -e** discussion
gründen to found
günstig favorable
heimisch local
der **Hobbyzirkel, -** special interest group
die **Initiative, -n** initiative
der **Interessent, -en** interested person

der **Jugendklub, -s** youth club
der **Jugendliche, -n** (ein **Jugendlicher**)
    youth
die **Kapazität, -en** capacity
der **Klub, -s** club
das **Klubhaus, ⁼er** club house
der **Kontakt, -e** contact
der **Kreis, -e** county
    sich kümmern um to concern
der **Künstler, -** artist
die **Literatur, -en** literature
    mehrmals several times
die **Mehrzahl** majority
das **Mitglied, -er** member
die **Modenschau, -en** fashion show
    möglichst possibly
    nah near
    national national
    örtlich local
    populärwissenschaftlich scientific
    for popular appeal
das **Programm, -e** program

das **Publikum** public
der **Rat, ⁼e** council
    sowie as well as
    ständig constant
    statt·finden, fand, stattgefunden
    to take place
der **Tanzabend, -e** evening of dancing
die **Tanzgruppe, -n** dance group
das **Thema, Themen** topic
der **Treffpunkt, -e** meeting place
die **Unterstützung, -en** support, assist-
    ance
    vielseitig versatile
die **Vielseitigkeit** versatility
der **Vortrag, ⁼e** lecture, speech
    wesentlich significant
das **Wetter** weather
der **Wissenschaftler, -** scientist
    zahlreich numerous
der **Zirkel, -** interest group
der **Zoo, -s** zoo
    zusammen·arbeiten to collaborate

Der metallene Liebling[1]

Junge Leute diskutieren: Muß man ein Auto haben?

In der Zeitung DIE ZEIT gibt es einen Teil, in dem Jugendliche auf eine aktuelle Frage ihre Antworten geben können.

Wir wohnen in einem Vorort ohne guten Anschluß zur Stadt. Meine gehbehinderten[2] Großeltern können vom Wohnzimmer direkt zur gewünschten Veranstaltung gefahren werden — mit dem Auto. Meinen Eltern bleibt wenig Zeit für Einkäufe und Besuche nach dem Arbeitstag. Sie schaffen[3] es — mit dem Auto. Für mich bedeutet ein Wagen, 5 daß ich spontane Entscheidungen realisieren[4] kann. Wir Jugendlichen sind nicht mehr ans eigene Haus gefesselt[5], denn durch unser Auto sind die Wohnungen unserer Freunde näher gerückt[6].

Jens Mehlhase, 20 Jahre

Die Hauptvorteile des Heims auf Rädern sind seine Unabhängigkeit 10 von Fahrplänen und festen Reisezielen. Das Auto stellt eine Fluchtmöglichkeit[7] für Großstadtmenschen dar. Das sieht man deutlich an der Flut von natur- und frischluftsüchtigen[8] Menschen, die am Wochenende und besonders zu den Ferienzeiten mit dem Auto zur Erholung ausschwärmen[9]. 15

Es gibt keine zeitsparende Alternative zum Auto für kurze und mittellange Ausflüge. Daher wird das ehemalige Privileg namens Automobil mehr und mehr zum alltäglichen Gebrauchsgegenstand, der so selbstverständlich zum Haushalt gehört, wie z.B. ein Kühlschrank 20

Jürgen Schwien, 16 Jahre

1. metal darling. 2. crippled. 3. can do. 4. execute. 5. chained. 6. moved. 7. possibility of escape. 8. addicted to nature and fresh air. 9. swarm out.

Abgedruckt mit Genehmigung des Zeitverlages Gerd Bucerius KG, erschienen in DIE ZEIT am 18. November 1977.

Der deutsche Autobesitzer verwendet mehr Zeit zur Wagenwäsche[10] als zur eigenen Körperpflege[11], er widmet[12] seiner Blechmuse[13] mehr Stunden als der eigenen Ehefrau. Ich bin der Überzeugung, daß Autos notwendige Dienste leisten, wo Bahn und andere Verkehrsmittel nicht mehr hinreichen. Das Auto aber zum unentbehrlichen Familien- 25
mitglied hochzustilisieren[14], ist gefährlich, denn Abgase und Schrottbeseitigung[15] richten inzwischen mehr Schaden an, als an Nutzen für die Fahrerei herauskommt.

Beate Zillman, 18 Jahre

Über die Frage, ob man ein Auto haben muß, kann man sich streiten. 30
Wir haben eins, und mein Vater glaubt, er brauche es dringend, um zur Arbeit zu fahren. Aber braucht er es wirklich dringend? Man stelle sich vor, er müßte mit dem Fahrrad fahren, weil wir uns kein Auto leisten könnten. Das Resultat wäre, daß er früher von zu Hause abfahren müßte, und das heißt, er müßte früher aufstehen. Dazu hat er aber 35
überhaupt keine Lust, und genau da liegt der Hund begraben. Wir sind zu bequem geworden. Wer kann heute schon auf sein Auto verzichten. Kaum einer! Nur der lebt gesund, der kein Auto hat und noch nie eins besessen hat.

Frank Kuhna, 15 Jahre 40

Ich kann wegen eines Augenleidens[16] nicht den Führerschein machen und habe mich auf ein Leben ohne Auto sehr gut eingesellt[17]. Ich komme mit Hilfe von Bus und Bahn und nicht zuletzt meiner Füße immer, wenn auch manchmal etwas unbequemer als ein Autofahrer, an mein Ziel. Außerdem spare ich trotz der Fahrpreise Geld — mangels 45
Strafmandaten für falsches Parken und zu hoher Geschwindigkeit.

Schwierig wird es nur, wenn ich mich um einen Job — meist als Babysitter — bewerbe. Die erste Frage ist stets, ob ich motorisiert[18] sei, und nach Verneinung[19] werde ich höflich abgelehnt, dabei wäre mit etwas Mühe leicht eine Lösung zu finden, zum Beispiel durch eine 50
Übernachtung.

Ich werde mich sicher öfter arrangieren[20] müssen im Laufe meines Lebens, aber ich bin davon überzeugt, daß ich auch ohne Auto nichts Wesentliches versäumen werde.

Ursel Weßling, 18 Jahre 55

---

10. carwash. 11. personal hygiene. 12. devotes. 13. tin love. 14. elevate. 15. scrapmetal removal. 16. visual ailment. 17. adapted. 18. have wheels. 19. negation. 20. adjust.

Wenn ein großer Teil der Bevölkerung in der Bundesrepublik aus
Gründen des Umweltschutzes, aus Sparmaßnahmen[21] oder aus anderen Motiven von dem Kauf eines Autos absehen[22] würde, die Resultate wären verheerend[23]: Defizite in der Automobilindustrie, die
Arbeitslosenzahl würde bedeutend ansteigen, Rezessionen in der   60
Wirtschaft oder im kommerziellen Bereich, Ansteigen der Inflationsrate, noch mehr Arbeitslose. Jeder einzelne müßte leiden, da seine
Ansprüche nicht erfüllt werden könnten. Man sollte doch bedenken,
daß die Bundesrepublik ein Industrieland ist und daß unsere Wirtschaft und der Wohlstand davon abhängen. Folglich muß jeder seinen   65
Beitrag dazu leisten, denn wir wollen doch alle glücklich leben.

Uwe Uhlendorff, 16 Jahre

Wichtige Redewendungen und Konstruktionen

namens	by the name of
ich bin der Überzeugung	I am of the opinion
mehr Schaden als Nutzen anrichten	to cause more damage than good
er hat keine Lust	he is not in the mood
da liegt der Hund begraben	that is the crux of the matter
noch nie	never before
nichts Wesentliches	nothing essential

Fragen

1. Wozu haben die Eltern von Jens M. wenig Zeit?
2. Was rückt durch das Auto für Jens M. näher?
3. Was stellt für Jürgen Sch. das Auto dar?
4. Das Auto ist für Jürgen Sch. kein Privileg sondern was?
5. Wem widmet der deutsche Autobesitzer nach Beate Z. mehr Zeit als der Ehefrau?
6. Wann richtet das Auto nach Beate Z. mehr Schaden als Nutzen an?
7. Was glaubt der Vater von Frank K.?
8. Wozu hat der Vater von Frank K. keine Lust?
9. Was kann Ursel W. wegen eines Augenleidens nicht machen?
10. Glaubt Ursel W., daß sie ohne Auto etwas Wesentliches versäumen wird?
11. Was wären nach Uwe U. die Resultate, wenn die Bevölkerung der BRD keine Autos mehr kaufen würde?
12. Was ist nach Uwe U. die BRD, und wovon ist sie abhängig?

---

21. economy measures.   22. abstain.   23. catastrophic.

ÜBUNGEN

A. *Verbinden Sie die Sätze mit der entsprechenden deutschen Konjunktion an der angegebenen Stelle:*

1. [*if*] Die Leute kaufen keine Autos mehr. Die Arbeitslosenzahl steigt an.
2. Ich habe ein Strafmandat bekommen. [*because*] Ich bin zu schnell gefahren.
3. Er kann jetzt seine Freunde schneller besuchen. [*for*] Er hat ein neues Auto.
4. Wir haben uns darüber gestritten. [*whether*] Brauchen wir wirklich ein Auto?
5. Ich fahre nicht mit dem Auto in die Stadt. [*but, on the contrary*] Ich werde das Fahrrad nehmen.
6. Ich glaube (es). [*that*] Man versäumt nicht viel. [*when*] Man hat kein Auto.
7. Ich weiß (es). [*that*] Zu viele Autos sind ein Problem. [*but*] Ich bin zu bequem geworden.
8. [*when*] Ich habe mich gestern um einen Job als Babysitter beworben. Ich bin abgelehnt worden.
9. [*after*] Sie hatten ihre Großeltern in die Stadt gefahren. Sie machten Einkäufe.
10. Weißt du? [*when*] Bekommen wir unser neues Auto?

B. *Fügen Sie die entsprechenden deutschen Wörter ein:*

1. Der _____ braucht ein Auto, um in die Stadt gefahren zu werden. (*sick person*)
2. Ist es wirklich notwendig, daß wir _____ Autos kaufen? (*more and more*)
3. _____ über das Problem des Umweltschutzes ist von dir gesagt worden. (*everything essential*)
4. _____ Autos verbrauchen im allgemeinen _____ Benzin. (*bigger/more*)
5. Je _____ die Geschwindigkeit ist, um so _____ ist es beim Autofahren. (*higher/more dangerous*)
6. Manchmal ist es auch nicht _____ , zu Fuß zu gehen. (*healthier*)
7. Die Abgase sind vielleicht das _____ Problem. (*most important*)
8. Beate schreibt, daß die _____ _____ Zeit für ihre Autos verwenden _____ für ihre Ehefrauen. (*Germans / more / than*)
9. Ich werde _____ _____ zu ihm sein, wie er es verdient. (*as polite as*)
10. Viele _____ haben sich an die Vorteile eines Heims auf Rädern gewöhnt. (*travelers*)

C. *Fügen Sie die richtige Form des Modalverbs in der angegebenen Zeit ein:*

1. _____ du in die Schweiz fahren? (dürfen [past])
2. Wenn man in Ost-Berlin ist, _____ man das Pergamon-Museum besuchen. (müssen [present])
3. Wann _____ Sie in diesem Jahr in den Urlaub fahren? (können [present])
4. Diese Diskussion _____ ich nicht _____ . (wollen [pres. perf.])
5. _____ Sie gern exotische Mahlzeiten? (mögen [present])
6. Der Tourist _____ 1 000 DM für seinen Flug bezahlen _____ . (müssen [pres. perf.])

D. *Bilden Sie Sätze mit den gegebenen Satzelementen:*

1. (sehr gut Deutsch sprechen) Sie kann . . .
2. (ins Theater gehen) Wir wollen vesuchen, heute abend . . .
3. (einmalig sein) Die Stimmung in Wien scheint . . .
4. (entziehen) Auch als Tourist kann man sich ihr nicht . . .
5. (Käse und Wurst essen) Zum Abendessen möchte ich gern . . .
6. (anklingen) Ich höre ein altes Wiener Lied . . .

E. *Verbinden Sie die beiden Sätze mit der entsprechenden deutschen Infinitivkonstruktion:*

1. Er kam aus Wien zurück. [*without*] Er hat Grinzing besucht.
2. Ich spare schon jetzt. [*in order to*] Ich fahre im nächsten Jahr zur Fotosafari.
3. Ich nehme lieber den Zug. [*instead of*] Ich fahre mit dem Auto in den Urlaub.
4. Wir gingen in das beste Restaurant [*in order to*] Wir aßen Fisch und tranken Wein.
5. [*without*] Er hat sich erholt. Er kehrte aus dem Urlaub zurück.
6. [*instead of*] Ich fahre nach Italien. Ich bleibe lieber zu Hause in diesem Jahr.

F. *Übersetzen Sie ins Englische:*

1. Autos können sehr schnell mehr Schaden als Nutzen anrichten.
2. Ich bin der Überzeugung, daß die Abgase das größte Problem darstellen.
3. Viele Leute haben keine Lust, zu Fuß zu gehen.
4. Zum Problem des Umweltschutzes hatte der Politiker nichts Wesentliches zu sagen.
5. Ich habe einen Hund namens Maximilian der Erste.

G. *Sagen Sie auf deutsch:*

1. The number of unemployed persons has never before been so high.

2. Only very few drivers are in the mood to renounce the advantages of a car.
3. When will you buy a new car?
4. It is cheaper to take a bus (in order) to get to work than to drive your own car.
5. She has not been able to get a job.

GESPRÄCHSTHEMEN

1. Brauchen junge Leute ein Auto?
2. Ist das Auto der metallene Liebling der jungen Leute?
3. Gibt es einen Unterschied zwischen deutschen und amerikanischen Jugendlichen in dieser Frage?

KLEINE AUFSATZTHEMEN

1. Was spricht heutzutage für ein Auto?
2. Was spricht heutzutage gegen ein Auto?

VOKABULAR

ab·fahren, fährt, fuhr, ist abgefahren to leave
das **Abgas, -e** exhaust fume
ab·hängen, hing, abgehangen to depend
ab·lehnen to refuse, reject
alltäglich everyday, trivial
die **Alternative, -n** alternative
an·richten to cause
der **Anschluß, -sse** connection
der **Anspruch, -̈e** claim, demand
die **Arbeitslosenzahl, -en** number of unemployed
der **Arbeitstag, -e** working day
der **Ausflug, -̈e** trip, excursion
der **Autobesitzer, -** car owner
das **Automobil, -e** automobile
die **Automobilindustrie** auto industry
der **Babysitter, -** babysitter
die **Bahn, -en** railroad
begraben, begräbt, begrub, begraben to bury
der **Beitrag, -̈e** contribution
der **Bereich, -e** realm
das **Defizit, -e** deficit
deutlich clear
der **Dienst, -e** service
diskutieren to discuss

die **Ehefrau, -en** wife
der **Einkauf, -̈e** purchase
die **Eltern (pl.)** parents
die **Entscheidung, -en** decision
die **Erholung, -en** recuperation
die **Fahrerei** driving
der **Fahrplan, -̈e** schedule, time table
der **Fahrpreis, -e** fare
das **Fahrrad, -̈er** bicycle
das **Familienmitglied, -er** member of the family
die **Ferienzeit, -en** vacation time
die **Flut, -en** flood
folglich consequently
der **Führerschein, -e** driver's license
der **Gebrauchsgegenstand, -̈e** commodity
die **Geschwindigkeit, -en** speed
gesund healthy
die **Großeltern (pl.)** grand parents
der **Großstadtmensch, -en** city dweller
der **Hauptvorteil, -e** main advantage
das **Heim, -e** home
heraus·kommen, kam, ist herausgekommen to result
die **Hilfe, -n** help, aid
hin·reichen to suffice
höflich polite

der **Hund, -e** dog
die **Inflationsrate, -n** rate of inflation
der **Job, -s** job
    kommerziell commercial
    leiden, litt, gelitten to suffer
    leisten to render
    sich leisten to afford
die **Lust** pleasure
    mangels for lack of, in the absence of
    mittellang longer, of medium length
das **Motiv, -e** motive, reason
die **Mühe, -n** effort
    namens by the name of
    nie never
    noch yet
der **Nutzen, -** profit
    parken to park
das **Privileg, -ien** privilege
das **Rad, ⁻er** wheel
das **Reiseziel, -e** destination
die **Rezession, -en** recession
der **Schaden, ⁻** damage
    spontan spontaneous
    stets always

das **Strafmandat, -e** (traffic) ticket
    sich streiten, stritt, gestritten to argue
die **Stunde, -n** hour
die **Übernachtung, -en** overnight stay
    überzeugt convinced
die **Überzeugung, -en** conviction
der **Umweltschutz** environmental protection
    unbequem uncomfortable
    unentbehrlich indispensable
der **Vater, ⁻** father
das **Verkehrsmittel, -** mode of transportation
    versäumen to miss
    verzichten to renounce
der **Vorort, -e** suburb
der **Wagen, -** car
das **Wochenende, -n** week-end
der **Wohlstand** prosperity
die **Wohnung, -en** residence
das **Wohnzimmer, -** living room
    zeitsparend time saving
    zuletzt at last

15 Kunde wird zum Stehlen verführt

Die Schweiz hat anscheinend ein ähnliches Problem mit Ladendiebstählen wie die USA.

Nach Schätzungen[1] des Einzelhandels stehlen Kunden jährlich Waren für rund 250 Millionen Franken aus den Regalen[2]. Die Zunahme der Ladendiebstähle kann nach Ansicht des Schweizerischen Konsumentenbundes[3] (SKB) nicht einer stets schlechter werdenden Moral der Konsumenten zugeschrieben werden, sondern viel eher, wenigstens zum Teil, „den ständig verfeinerten Verführungsmethoden[4] der Verkäufer". 5

Wie der SKB in seinem Pressedienst[5] schreibt, investiert der Einzelhandel mehr Geld in die Wissenschaft, Waren so zu präsentieren, daß der Kunde ihnen nicht widerstehen kann -- auch wenn er die Ware 10 nicht braucht oder kein Geld dafür hat –, als in die Abwehr von[6] Diebstählen. Am Ende sei der ehrliche Kunde der Geschädigte[7], da der Wert der gestohlenen Ware auf die Preise geschlagen[8] werde.

Mit tiefenpsychologischen Untersuchungen wird nach Ansicht des SKB intensiv nach den wirksamsten Verkaufsanreizen[9] geforscht. Die 15 Waren würden nicht gemäß den Bedürfnissen der Konsumenten, sondern so angeordnet, daß deren Verkaufsanreiz am größten sei. Das Geschäft werde nicht so eingerichtet, daß der Konsument seine Einkäufe so bequem und so schnell wie möglich erledigen könne, sondern so, daß der potentielle Kunde möglichst lange im Laden 20 bleiben müsse und möglichst gezwungen sei, das ganze Sortiment[10] mehrmals zu besichtigen, wenn er beispielsweise einen Laib[11] Brot kaufen wolle.

---

1. estimates. 2. shelves. 3. consumer agency. 4. seductive methods. 5. public information service. 6. defense against. 7. injured party. 8. added. 9. sales enticements. 10. assortment. 11. loaf.

Abgedruckt mit Genehmigung der Redaktion des TAGES-ANZEIGER, Fernausgabe, erschienen am 18. April 1978.

". . . Waren so zu präsentieren, daß der Kunde ihnen nicht widerstehen kann."

Die durchschnittliche Verweildauer[12] der Konsumenten im Laden
werde zur Erfolgsziffer[13], klagt der Konsumentenbund. Die Zahl der   25
ungeplant getätigten Impulskäufe[14] werde zur Überlebensfrage[15] für
den Einzelhandel. Man brauche sich nicht zu wundern, wenn bei
dieser Entwicklung nicht nur die Umsätze, sondern auch die
Entwendungen[16] zunähmen.

In der ganzen Diskussion über die Ladendiebstähle wird nach An-   30
sicht des SKB leider vergessen, daß der ehrliche Konsument gleich
doppelt geschädigt werde: einerseits durch die Diebstähle, für die er
indirekt zu zahlen habe, andererseits durch die ungeplanten Käufe, die
er tätige, wenn er den Lockungen der verführerisch angebotenen
Waren erliege. Während der Schaden der Diebstähle für die Volks-   35
wirtschaft ungefähr abgeschätzt werden könne, seien die Verluste
durch die Impulskäufe nur zu ahnen[17].

Wichtige Redewendungen und Konstruktionen

nach Ansicht	*in the opinion of*
gemäß den Bedürfnissen	*according to the needs*
man brauche sich nicht zu wundern	*one shouldn't be surprised*

Fragen

1. Kann die Zunahme der Ladendiebstähle in der Schweiz einer
   schlechter werdenden Moral der Konsumenten zugeschrieben
   werden?
2. Wie versucht der Verkäufer die Kunden zu verführen?
3. Wie groß sind die Verluste des Einzelhandels durch
   Ladendiebstähle?
4. Wofür gibt der Einzelhandel mehr Geld aus als für die Abwehr von
   Diebstählen?
5. Warum ist am Ende der ehrliche Kunde der Geschädigte?
6. Wie forscht man nach Ansicht des SKB nach den wirksamsten
   Verkaufsreizen?
7. Wie werden die Waren in den Geschäften angeordnet?
8. Warum soll der Kunde gezwungen werden, so lange wie möglich
   im Laden zu bleiben?
9. Was wird bei der ganzen Diskussion über Ladendiebstähle
   vergessen?
10. Kann man den Verlust durch Impulskäufe genau abschätzen?

---

12. length of stay.   13. success figure.   14. impulse purchases.   15. question of
survival.   16. thefts.   17. guess.

ÜBUNGEN

A. *Bilden Sie die indirekte Rede:*

Der SKB schreibt in seinem Pressedienst:

1. „Kunden stehlen jährlich Waren für rund 250 Millionen Franken."
2. „Die Zunahme der Ladendiebstähle kann nicht einer immer schlechter werdenden Moral zugeschrieben werden."
3. „Sie muß eher auf die Verführungsmethoden der Verkäufer zurückgeführt werden."
4. „Der Einzelhandel investiert viel Geld in die Wissenschaft, die Waren so zu präsentieren, daß der Kunde ihnen nicht widerstehen kann."
5. „Er gibt weniger Geld für die Abwehr von Diebstählen aus."
6. „Mit tiefenpsychologischen Untersuchungen wird nach den wirksamsten Verkaufsanreizen geforscht."
7. „Der Einzelhandel vergißt, daß der ehrliche Konsument doppelt geschädigt wird?"
8. „Er muß indirekt für die gestohlenen Waren bezahlen."
9. „Er gibt mehr Geld für ungeplante Einkäufe aus."
10. „Zu viele Kunden erliegen den Lockungen der verführerisch angebotenen Waren."

B. *Bilden Sie die direkte Rede:*

1. Der SKB wies daraufhin, daß der ehrliche Kunde am Ende der Geschädigte sei.
2. Er ging davon aus, daß die Waren nicht gemäß den Bedürfnissen der Konsumenten angeordnet würden.
3. Er meinte, daß das Geschäft nicht so eingerichtet werde, daß der Konsument seine Einkäufe so bequem und schnell wie möglich erledigen könne.
4. Er klagte, daß der Konsument gezwungen sei, das ganze Sortiment mehrmals zu besichtigen.
5. Er wies weiter auf das Resultat hin, daß die Verweildauer des Konsumenten zur Erfolgsziffer geworden sei.
6. Er gab zu denken, daß deswegen die Entwendungen mit den Umsätzen zunähmen.
7. Er fragte, ob der ehrliche Konsument vom Einzelhandel vergessen werde.
8. Der SKB schreibt weiter, daß der ehrliche Konsument doppelt geschädigt worden sei.
9. Er erzählt, daß viele Leute ungeplante Einkäufe getätigt hätten.
10. Er sagt, daß jeder für die Diebstähle indirekt zu zahlen habe.

C. *Verbinden Sie die beiden Sätze mit einem Relativpronomen:*

1. Ich kenne das Geschäft nicht. Du sprichst von dem Geschäft.
2. Ich habe schon viele ungeplante Einkäufe gemacht. Ich wollte sie nicht machen.
3. Der Konsument muß das ganze Sortiment mehrmals besichtigen. Er will nur einen Laib Brot kaufen.
4. Ich mag Geschäfte nicht. In den Geschäften muß ich lange bleiben.
5. Der ehrliche Kunde ist der Geschädigte. Er muß für die gestohlenen Waren bezahlen.
6. Der SKB schrieb einen Artikel über Ladendiebstähle. Nach seinen Schätzungen werden jährlich Waren für 250 Millionen Franken gestohlen.

D. *Benutzen Sie ein* **da-** *oder* **wo-***Compound:*

1. Nach den wirksamsten Verkaufsanreizen wird mit tiefenpsychologischen Untersuchungen geforscht.
   _____ wird mit tiefenpsychologischen Untersuchungen geforscht.
2. Der SKB wies auf das Resultat hin.
   _____ wies der SKB hin?
3. Auch der ehrliche Kunde muß für die gestohlenen Waren bezahlen.
   Auch der ehrliche Kunde muß _____ bezahlen.
4. Außerdem wird er durch die ungeplanten Einkäufe geschädigt.
   _____ wird er außerdem geschädigt?
5. Der Wert der gestohlenen Waren wird auf die Preise geschlagen.
   Der Wert der gestohlenen Waren wird _____ geschlagen.

E. *Bilden Sie das Erste oder Zweite Futur:*

1. Im nächsten Jahr besuche ich wahrscheinlich Wien. (Erstes Futur)
2. Dann lerne ich endlich die Hauptstadt Österreichs kennen. (Erstes Futur)
3. Die Donaustadt hat mir sicher sehr viel zu bieten. (Erstes Futur)
4. Der einmaligen Stimmung Wiens kann ich mich wohl nicht entziehen. (Erstes Futur)
5. Nachdem ich im Kaffeehaus einen Kaffee getrunken habe, fahre ich nach Grinzing. (Zweites Futur/Erstes Futur)
6. Die Donau ist wohl nicht mehr so blau wie bei Johann Strauß. (Erstes Futur)
7. Wien ist immer ein kultureller Mittelpunkt. (Erstes Futur)
8. Sicher gehe ich ins Theater. (Erstes Futur)
9. Aber nachdem ich im Museum gewesen bin, trinke ich bestimmt einen Heurigen (Zweites Futur/Erstes Futur)
10. Dann bleibt vielleicht auch für mich die Zeit stehen. (Erstes Futur)

F. *Übersetzen Sie ins Englische:*

1. Man braucht sich nicht zu wundern, daß die Ladendiebstähle zunehmen.
2. Wovon wird der Artikel im Pressedienst handeln?
3. Es ist damit zu rechnen, daß die Verluste noch größer werden.
4. Die genannten Punkte hält der SKB für besonders wichtig.
5. Man kann davon ausgehen, daß der Einzelhandel den ehrlichen Kunden nicht vergessen will.

G. *Sagen Sie auf deutsch:*

1. The new store will be designed according to the needs of the consumers.
2. In the opinion of scientists, the sales can be increased.
3. Many people do not believe in it.
4. Most customers cannot resist the enticements.
5. The customer is forced to stay as long as possible.
6. It is nearly impossible to leave a store without buying something.

GESPRÄCHSTHEMEN

1. Wird in Amerika der Kunde auch zum Stehlen verführt? Warum?
2. Glauben Sie, daß Ladendiebstähle und die Moral des Kunden in Verbindung stehen?

KLEINE AUFSATZTHEMEN

1. Was erwarten Sie vom Einzelhandel im Interesse des Kunden?
2. Was kann der Einzelhandel von seinen Kunden erwarten?

VOKABULAR

ab·schätzen to estimate
die **Abwehr** defense
an·ordnen to arrange, design
die **Ansicht, -en** opinion
das **Bedürfnis, -se** need
beispielsweise for example
besichtigen to view, survey
das **Brot, -e** bread
der **Diebstahl, ⁻e** theft
doppelt twice
durchschnittlich average, mean (adj.)
eher rather
ehrlich honest
der **Einzelhandel** retail trade

erledigen to finish, bring to a close
erliegen, erlag, ist erlegen to succumb
forschen to research
indirekt indirect
intensiv intensive
investieren to invest
jährlich annually
klagen to complain
der **Konsument, -en** consumer
der **Laden, ⁻** store
der **Ladendiebstahl, ⁻** shoplifting
die **Lockung, -en** temptation
potentiell potential
präsentieren to present, show

schädigen to harm
schreiben, schrieb, geschrieben to write
schweizerisch Swiss (adj.)
stehlen, stiehlt, stahl, gestohlen to steal
tätigen to undertake
tiefenpsychologisch psychoanalytical
der Umsatz, ⁼e sales
ungeplant unplanned
verfeinern to refine
verführen to entice
verführerisch enticing
der Verkäufer, - seller

der Verlust, -e loss
die Volkswirtschaft (national) economy
der Wert, -e value
widerstehen, widerstand, widerstanden to resist
wirksam effective
die Wissenschaft, -en science
sich wundern to be surprised, be astonished
die Zunahme, -n increase
zu·schreiben, schrieb, zugeschrieben to attribute
zwingen, zwang, gezwungen to compel

16 Wachsender Anspruch an unsere Theaterkunst[1]

*Der folgende Text ist ein Beispiel
der politischen Propaganda in der DDR.*

Mit mehr als 11 Millionen Theaterbesuchern[2] jährlich und insgesamt
67 Theatern gehört die DDR zu jenen Ländern der Welt, in denen sich
die Bühnenkunst[3] des größten Publikumsinteresses erfreut. Den
Ansprüchen jugendlicher Zuschauer versuchen neben Kinder- und
Jugendtheatern auch alle übrigen Bühnen mit speziellen Inszenie- 5
rungen[4] zu entsprechen.

Zu den Theatertagen der Jugend, die in der DDR alljährlich anläßlich
des Welttheatertages stattfinden, stehen besonders viele Inszenierungen auf den Spielplänen, die auch das jugendliche Publikum
ansprechen. 10

Der Minister für Kultur der DDR, Hans-Joachim Hoffmann, wandte
sich kürzlich, anläßlich des Welttheatertages, mit den folgenden
Worten an die Theaterschaffenden[5] unserer Republik.

„Zum 17. Mal", erklärte Minister Hoffmann, „begehen die
Theaterschaffenden unserer Republik am 27. März den Welttag des 15
Theaters. Sie begehen ihn in enger Verbundenheit[6] mit den Büh-
nenkünstlern[7] unserer Bruderländer, die − wie ihre Kollegen und
Genossen in der DDR − ihr Talent und Können der großen Sache des
Sozialismus verschrieben[8] haben, in enger Verbundenheit aber auch
mit zahllosen progressiven Theaterleuten in der Welt. 20

So wird dieser Tag zugleich zu einer Manifestation weltumspannender[9] Solidarität, und unser Gruß gilt darum an diesem 27. März all

1. theater art. 2. theater visitors. 3. stage art. 4. productions. 5. theatrical
workers. 6. solidarity. 7. stage artists. 8. devoted. 9. world-encompassing.

Abgedruckt mit Genehmigung der Redaktion NEUES DEUTSCHLAND, erschienen am
27. März 1978.

Die Volksbühne in Ost-Berlin

diesen begabten und aufrechten Theaterkünstlern, die mit den Mitteln
der Bühne die jahrtausende[10] alte Sehnsucht der Menschen nach Glück
und Frieden nicht nur beschwören[11], sondern auch ihrer Verwirkli- 25
chung ein Stück näher bringen."

Abschließend erinnerte Hans-Joachim Hoffmann in diesem
Zusammenhang an die vielfältigen Beiträge unserer Republik zur
Brecht[a]-Ehrung[12] 1978. Sie hätten wiederum deutlich gemacht, daß die
Theaterschaffenden der DDR sich eindeutig, mit spürbarem En- 30
gagement und großem Können auf die Seite der vielen gestellt haben,
auf die Seite ihres Publikums.

„Immer höher und kritischer werden die Ansprüche und Erwar-
tungen unseres neuen Publikums, das Theater schon längst nicht mehr
als schönen Schein oder billige Unterhaltung versteht, sondern als 35
Gefährten auf dem Weg zur Errichtung[13] der sozialistischen
Gesellschaft."

Bemerkungen

a. Bertolt Brecht (1898–1956), German playwright and poet, felt himself
deeply connected with the Communist movement. During the Third Reich
he lived in exile in several European countries, the Soviet Union, and the
United States (Santa Monica). After 1945 he returned to East-Berlin. The
Three Penny Opera is probably his best-known and most popular work.

Wichtige Redewendungen und Konstruktionen

den Ansprüchen entsprechen	to meet the demands
zum (ersten) Mal	for the (first) time
ein Stück näher bringen	to bring a little bit closer
schon längst	long ago

Fragen

1. Wieviele Menschen besuchen in der DDR jährlich das Theater?
2. Was für Theater gibt es in der DDR?
3. Wann finden in der DDR die Theatertage der Jugend statt?
4. Was für Inszenierungen stehen zur Zeit der Theatertage der Jugend
   auf den Spielplänen?
5. Warum wandte sich der Minister für Kultur der DDR an die
   Theaterschaffenden?
6. Wie oft wurde bis zu diesem Zeitpunkt der Welttag des Theaters
   begangen?

---

10. thousand-year.   11. conjure up.   12. tribute.   13. building.

7. Was, glaubt der Minister, haben die Genossen und Kollegen innerhalb und außerhalb der DDR getan?
8. Wem soll der Gruß an diesem Tag gelten?
9. Was soll das Theater der DDR erreichen?
10. Was sagt der Minister über das Theaterpublikum in der DDR?
11. Glauben Sie, daß der Minister zuviel Propaganda macht?
12. Geben Sie einige Beispiele von Propaganda in der Rede des Ministers.
13. Glauben Sie, daß man in Amerika von einem Minister eine ähnliche Rede hören könnte? Warum nicht?

ÜBUNGEN

A. *Bilden Sie Sätze mit den Satzelementen in den angegebenen Zeiten:*

1. mögen [present] / ich / heute abend / in / Theater / gehen / nicht
2. können [past] / wir / Schauspiel / verstehen / nicht
3. versuchen [pres. perf.] / Minister / mit / Kunst / politisch / Propaganda / machen
4. scheinen [present] / Publikum / über / neu / Spielplan / sich freuen
5. sollen [present] / schön / Kunst [plural] / alle / kritisch / Leute / ansprechen
6. mögen [pres. perf.] / mein / Kollege / Stück / / ohne ... zu / es / kennen
7. fahren [future] / wir / nach / Ost-Berlin / / um ... zu / in / Theater / gehen
8. sollen [present] / man / Propaganda / machen / nicht / / ohne ... zu / Zusammenhang [plural] / näher / erklären
9. scheinen [present] / Verwirklichung / dieser / Programm / einfach / sein / nicht
10. können [present] / nur / begabt / Schauspieler / Publikum / unterhalten

B. *Fügen Sie die richtige Form des Relativpronomens ein:*

1. Der Kollege, mit _____ ich ins Theater gehe, ist sehr kritisch.
2. Das Stück, _____ wir noch nicht kannten, war sehr gut.
3. Der Politiker wandte sich an ein Publikum, _____ ihm kritisch gegenüberstand.
4. Junge Künstler, _____ zur Bühne wollen, müssen heutzutage viel Talent haben.
5. Ist Kunst, _____ nicht auch unterhält, wirklich gut.

C. *Benutzen Sie ein da- oder wo-compound:*

1. Zu diesen Ländern gehört auch die DDR.

_____ gehört auch die DDR?

2. Neben Kindertheatern gibt es auch Jugendtheater.

_____ gibt es auch Jugendtheater.

3. Zu den Theatertagen kamen viele Jugendliche nach Ost-Berlin.

_____ kamen viele Jugendliche nach Ost-Berlin?

4. Dieser Tag wurde zu einer Manifestation weltumspannender Solidarität.

_____ wurde dieser Tag?

5. Der Minister erinnerte unter anderem auch an die Brecht-Ehrung.

_____ erinnerte der Minister unter anderem?

D. _Bilden Sie das Passiv:_

1. Der Ober brachte den Kaffee und ein Glas Wasser.
2. Man verallgemeinert das Problem der Arbeitslosigkeit zu oft.
3. Der Autofahrer hat das Benzin eigenhändig in den Tank gefüllt.
4. Die Türken hatten Wien zweimal belagert.
5. Wenige Frauen suchen Teilzeitbeschäftigungen.
6. Die barocke Architektur verdrängte die mittelalterlichen Züge der Stadt.
7. Napoleon besetzte die Stadt 1805 und 1806.
8. Man spielte ein altes Wiener Lied auf der Zither.
9. Dieses Problem wird man nicht so einfach lösen können.

E. _Übersetzen Sie ins Englische:_

1. Das Schauspiel entsprach auch den Ansprüchen kritischer Zuschauer.
2. Wien hatte ich längst einmal besuchen wollen.
3. Als ich das Stück zum ersten Mal gesehen habe, habe ich es nicht verstanden.
4. Durch ein Lied auf der Zither und ein Glas Heurigen kann uns die Stimmung Wiens ein Stück näher gebracht werden.
5. Zusammen mit meinem Kaffee lasse ich mir immer ein Glas Wasser bringen.

F. _Sagen Sie auf deutsch:_

1. The door was being closed.
2. I was told that this play is excellent.
3. The problem of the relationship between art and politics cannot be solved easily.
4. The actress to whom I talked has a lot of talent.
5. German is spoken in four countries.

GESPRÄCHSTHEMEN

1. Gehen Sie gern ins Theater? Warum?
2. Welche Schauspiele (*plays*) kennen Sie; von wem sind sie? Welches Schauspiel gefällt Ihnen am besten? Warum?
3. Haben Sie je ein Propaganda-Schauspiel gesehen? Welches?

KLEINE AUFSATZTHEMEN

1. Was für eine Rolle spielt die Politik (*politics*) in der Theaterkunst der DDR?
2. Glauben Sie, daß es richtig ist, die Theaterkunst und die Kunst allgemein mit der Politik zu verbinden?
3. Beschreiben Sie einen Besuch im Theater!

VOKABULAR

alljährlich every year (adj.)
anläßlich on the occasion of
an-sprechen, spricht, sprach, angesprochen to appeal
aufrecht upright
begabt talented
begehen, beging, begangen to celebrate, commemorate
die **Bühne, -n** stage
eindeutig unequivocal
das **Engagement** commitment
(sich) erfreuen to enjoy
die **Erwartung, -en** expectation
der **Frieden** peace
der **Gefährte, -n** companion
der **Genosse, -n** comrade
das **Glück** happiness
die **Jugend** youth
jugendlich youthful
der **Kollege, -n** colleague
das **Können** ability
kritisch critical
die **Kunst, ⁻e** art
das **Mal, -e** time
die **Manifestation, -en** manifestation

der **Minister, -** cabinet minister, secretary
die **Politik** politics
progressiv progressive
die **Propaganda** propaganda
die **Republik, -en** republic
die **Sache, -n** project
das **Schauspiel, -e** play
der **Schein** appearance
schön beautiful
die **Sehnsucht, ⁻e** longing, yearning
die **Solidarität** solidarity
der **Sozialismus** socialism
speziell special
der **Spielplan, ⁻e** program, repertory
spürbar considerable
das **Stück, -e** piece
das **Talent, -e** talent
die **Unterhaltung, -en** entertainment
die **Verwirklichung** realization
vielfältig multifold
sich wenden an, wandte, gewandt to turn to
zahllos innumerable
der **Zusammenhang, ⁻e** connection

17

Wie kam das Osterei nach Österreich?

Österreich verdankt anscheinend nicht nur den Kaffee, sondern auch das Osterei den Türken.

Nur wenige, die sich am Anblick eines Osterbaumes mit kunstvoll verzierten Eiern an bunten Bändern erfreuen, haben sich wohl gefragt, woher die Ostereier eigentlich stammen. Und kaum jemand ahnt, daß wir diesen Brauch wahrscheinlich den Türken verdanken. Die Ursprünge dieser Ostertradition verlieren sich im Dunkel der Geschichte, aber sicher haben schon die Menschen der Frühzeit[1] dem Ei eine besondere Symbolkraft zugeschrieben: Das Leben, das aus scheinbar toter Substanz entsteht, versinnbildlicht[2] Fruchtbarkeit und Lebenskraft und erinnert an die Auferstehung und Wiedergeburt der Natur im Frühling. So wurde das Ei in vielen Kulturen zum Kultgegenstand[3] erhoben und war damit auch besonderer Verzierung würdig.

Schon in hellenistischen Zauberbüchern[4] kommen gefärbte Eier vor, und schon um das Jahr 1000 ließ man sich in Ägypten bunte Eier schenken. Bemalte Eier aus einem römisch-germanischen Gräberfeld[5] bei Worms am Rhein sind sogar über 1 500 Jahre alt, und auch in Schlesien[6] und Galizien[7] fanden Archäologen farbige Eier aus altslawischer[8] Zeit. Das Ei als Kult- und Kunstobjekt ist aber kein europäisches Privileg. Das zeigen bemalte Eier aus China und Kaschmir, wie sie zum Beispiel im Schloß Kittsee im Burgenland[a] zu sehen gewesen sind und jetzt wieder vom Ethnographischen Museum in Kittsee in einer erweiterten Eierausstellung[9] gezeigt werden.

Im Lauf der Jahrhunderte sind vielfältige und von Land zu Land verschiedene Techniken entwickelt worden. Da gibt es beispielsweise

---

1. dawn of history.   2. symbolizes.   3. cult object.   4. magic books.   5. burial site.   6. Silesia.   7. Galicia.   8. old Slavic.   9. egg exhibition.

Abgedruckt mit Genehmigung der Redaktion der SALZBURGER NACHRICHTEN, erschienen am 18. März 1978.

Osterbaum

eisenbeschlagene[10] Eier, wie Objekte aus Ungarn zeigen. Auch das
Kratzen und Ätzen der gefärbten Eier ist eine uralte Technik und 25
überall in Mittel- und Osteuropa bis in den südslawischen Raum
beliebt.

Was die Benediktinerinnen[11] von Göß in der Obersteiermark[12] erzielten, dürfte vergleichsweise wesentlich einfacher ausgesehen
haben. Aber damals im Jahr 1560 verhalf uns ihr schriftlich fest- 30
gehaltenes Rezept zu den ersten urkundlich belegten Ostereiern
Österreichs. Nur 24 Jahre früher, nämlich 1536, datiert der wohl
entscheidende Hinweis darauf, daß dieser Osterbrauch durch die
Türken zu uns gekommen ist: Soliman II.[b], der Prächtige[13], der 1529
Wien vergeblich belagerte, erwähnt in einem Rechtserlaß[14] die „Zeit 35
des Eierfärbens"[15], eine Bezeichnung, die mit dem türkischen Ausdruck für „Osterzeit" verwandt ist. Dieses Wort wiederum bedeutet
„rotes Ei" und damit ist der Beweis geliefert, daß wir den Musel-
manen[16] nicht nur den Kaffee und die Kipferl[17], sondern auch das
Osterei verdanken. 40

Bemerkungen

  a. The Burgenland is a fertile area along the Hungarian border.
  b. Suleiman II, the Magnificent, was Sultan of Turkey from 1520 to 1566.

Wichtige Redewendungen und Konstruktionen

sich am Anblick erfreuen	*to take delight in the sight*
im Lauf der Jahrhunderte	*in the course of the centuries*
urkundlich belegt	*documented*

Fragen

  1. Was haben die Menschen schon in der Frühzeit dem Ei
     zugeschrieben?
  2. Was versinnbildlicht das Ei?
  3. Wo kommen bereits gefärbte Eier vor?
  4. Was war im Schloß Kittsee im Burgenland zu sehen gewesen?
  5. Was für eine Technik, Eier zu verzieren, kennen wir aus Ungarn?
  6. Was für Techniken, Eier zu verzieren, kennen wir aus Mittel- und
     Osteuropa?

---

10. decorated with iron.   11. Benedictine nuns.   12. Upper Styria.   13. Magnificent.
14. decree.   15. egg coloring.   16. Moslems.   17. crescent roll

7. War das, was die Benediktinerinnen von Göß erzielten, einfacher oder komplizierter?
8. Seit wann sind Ostereier in Österreich urkundlich belegt?
9. Welcher entscheidende Hinweis liefert den Beweis dafür, daß bemalte Eier durch die Türken nach Österreich gekommen sind?
10. Was verdanken die Österreicher außer den Ostereiern den Türken?

ÜBUNGEN

A. *Fügen Sie die richtige Form des Relativpronomens ein:*

1. Die Eier, _____ du färben willst, sind im Kühlschrank.
2. Ich kenne den Brauch nicht, _____ sie erwähnt hat.
3. Die Archäologen, über _____ wir einen Artikel gelesen haben, haben Ostereier gesucht und gefunden.
4. Die Verzierungen, mit _____ sie die Eier bemalte, waren sehr hübsch.
5. Man ahnte, daß der Frühling, auf _____ wir alle warteten, bald kommen würde.
6. Das Rezept, von _____ wir gesprochen haben, ist wirklich gut.
7. Die Ostertradition, _____ Ursprung unbekannt ist, muß schon uralt sein.
8. Die Technik, mit _____ du die Eier verzierst, scheint mir sehr interessant zu sein.
9. Der Hinweis auf die Eieraustellung, _____ du uns gegeben hast, war von großem Nutzen für uns.
10. Ich habe das bunte Band, _____ du gesucht hast, inzwischen gefunden.

B. *Bilden Sie das Passiv:*

1. In früheren Jahrhunderten ätzte man sogar die Ostereier.
2. Diesen Brauch hast du schon erwähnt.
3. Die Benediktinerinnen bemalten zum ersten Mal in Österreich Ostereier.
4. Man erweiterte die Tradition in den folgenden Jahrhunderten.
5. Im nächsten Frühling werden wir auch einen Osterbaum kaufen.
6. Man hat den Beweis für diese Theorie schon längst geliefert.
7. Der Osterbaum, den du verziert hast, ist wirklich schön.
8. Du sollst diese Eier färben.
9. Man zeigt die Ausstellung schon zum zweiten Mal.
10. Dieses Symbol erinnert uns an die Wiedergeburt der Natur im Frühling.

C. *Bilden Sie den irrealen Konjunktiv; benutzen Sie eine* **würde** *+ Infinitiv-Konstruktion, wenn es möglich ist:*

1. Wenn man mir eine Stellung anbietet, nehme ich sie.
2. Wenn der Benzinpreis noch weiter ansteigt, muß ich mir einen kleineren Wagen kaufen.
3. Wenn die Arbeitslosen qualifiziert waren, bekamen sie eine Arbeit.
4. Wenn ich weiß warum, sage ich es dir.
5. Wenn das Gesetz nicht geändert wird, kaufen die Leute den Whiskey aus dem Westen heimlich.
6. Wenn ich gesund leben will, esse ich viel Obst und Gemüse.
7. Kannst du mir bitte helfen, mein Auto zu reparieren.
8. Gibst du mir bitte den Katalog.
9. (Ich wünschte, . . .) Ich habe keinen Hunger.
10. (Ich wünschte, . . .) Ich bin nicht arbeitslos.

D. *Übersetzen Sie ins Englische:*

1. Der Beweis für diese Theorie ist urkundlich belegt.
2. Viele Leute haben sich am Anblick der bunten und verzierten Ostereier erfreut.
3. Dieser Brauch ist im Lauf der Jahrhunderte erweitert worden.
4. Die Theorie ließ sich nur schwer beweisen.
5. Wäre es doch endlich Frühling.

E. *Sagen Sie auf deutsch:*

1. It was very interesting to read about what people dream.
2. I am told that the new exhibition is even better.
3. If I only were in Europe now.
4. Could you please decorate the Easter tree.
5. If the Turks had not attacked Vienna, we would not have Easter eggs.

GESPRÄCHSTHEMEN

1. Was verdankt Amerika der deutschen Kultur?
2. Kennen Sie Bräuche, die Amerika anderen Ländern verdankt? Welche und woher?

KLEINE AUFSATZTHEMEN

1. Erklären Sie die Symbolkraft des Ostereies!
2. Beschreiben Sie Osterbräuche, die Sie aus Amerika kennen!

VOKABULAR

ahnen to suspect
der **Anblick, -e** sight
der **Archäologe, -n** archeologist
ätzen to etch
die **Auferstehung** resurrection
der **Ausdruck, ⁻e** expression
aus·sehen, sieht, sah, ausgesehen
to look like
das **Band, ⁻er** ribbon
bemalen to paint
die **Bezeichnung, -en** designation
der **Brauch, ⁻e** custom
bunt colorful
datieren to date
entscheiden, entschied, entschieden
to decide
erheben, erhob, erhoben to elevate
erwähnen to mention
erweitern to expand
erzielen to accomplish
färben to color
farbig colorful
fest·halten, hält, hielt, festgehalten
to record
die **Fruchtbarkeit** fertility
der **Frühling** spring, springtime
der **Hinweis, -e** reference
kratzen to scratch
das **Kultobjekt, -e** cult object
das **Kunstobjekt, -e** art object
kunstvoll artistic
die **Lebenskraft, ⁻e** vital power
liefern to furnish
(das) **Mitteleuropa** Central Europe

die **Natur, -en** nature
das **Objekt, -e** sample
der **Osterbaum, ⁻e** Easter tree
der **Osterbrauch, ⁻e** Easter custom
das **Osterei, -er** Easter egg
die **Ostertradition, -en** Easter tradition
die **Osterzeit** Easter time
(das) **Osteuropa** Eastern Europe
das **Rezept, -e** recipe
der **Rhein** Rhine river
schriftlich written (adj.)
die **Substanz, -en** substance
die **Symbolkraft, ⁻e** symbolic strength
die **Technik, -en** technique
tot dead
türkisch Turkish
(das) **Ungarn** Hungary
uralt very old, ancient
urkundlich documentary (adj.)
der **Ursprung, ⁻e** origin
verdanken to owe
vergeblich in vain
vergleichsweise in comparison
verhelfen, verhilft, verhalf, verhol-
fen to help
versinnbildlichen to symbolize
verwandt related
verzieren to decorate
die **Verzierung, -en** decoration
vor·kommen, kam, ist vorgekom-
men to occur
die **Wiedergeburt** rebirth
wohl probably
würdig worthy, deserving

18 Deutsch für Besserwisser[1]: In 1977

*Dieser Artikel zeigt, daß immer mehr
Amerikanismen in der deutschen Sprache
zu finden sind.*

„Ich bin vor *einigen zwanzig* Jahren in die Staaten emigriert", sagte der
Herr mit dem US-Akzent zu mir, „aber ich wollte *in 1977* zurückkommen, um eine gute Freundin zu *sehen;* sie war *von* München und
sehr nah *zu* meinem Herzen. Aber soweit *als* ich weiß, lebt sie nicht
mehr hier.   5

Ich bin hergekommen, um ihre Adresse zu *finden,* aber leider ohne
Resultate." Der ältere Herr war sehr liebenswürdig. Er sprach genau
das Deutsch, das wir Deutschen uns — ohne sein Zutun[2] — angewöhnt
haben, seit wir von halbreifen Übersetzungen umgeben sind.   10
„Lassen Sie uns einen Drink *haben*", sagte er und zog mich an die Bar,
„es ist ein *Erstklaßhotel* an einem der schönsten *Plätze* der Welt, und
ich bin *für* mehr als zehn Jahre nicht mehr in Europa gewesen, ein
Grund zum Feiern. Viele sind damals nach *Weltkrieg II* in die Staaten
gegangen, aber *alle* von *uns* sprechen Deutsch, wann immer wir eine   15
Chance haben. Oder habe ich mein Deutsch vergessen? *Ich habe
nicht.*"

Ich mußte daran denken, wie vertraut uns diese Amerikanismen
sind, kennen wir sie doch aus kaum synchronisierten[3] Western ebenso
wie aus den Berichten unserer Korrespondenten. *In* anderen Worten,   20
man weiß selbst nicht mehr, wie man eigentlich *in* gut Deutsch sagt.

„Ich trinke auf das alte Jahr", sagte der Amerikaner, „bitte *helfen Sie
sich selbst,* ich trinke langsam, aber das *meint* nichts. Wissen Sie, ich
habe immer härter gearbeitet als andere, und ich habe viel Geld

---

1. smart alecks.   2. without his help.   3. dubbed.

Abgedruckt mit Genehmigung der Redaktion des STERN, erschienen am 29. Dezember
1977.

gemacht. Aber es *nahm* über zehn Jahre, bis ich selbständig war.   25
Wissen Sie, es *gibt* mir tiefe Befriedigung. Bei meinem ersten Job
drüben haben sie immer gesagt, ich würde ein Verlierer sein, ich wäre
ein Risiko. Aber ich *war* schließlich ein Erfolg. Ich hatte die *brand-
neuen* Ideen, und ich wußte wie man sie *verkauft.* So *nahm* ich meine
Chance, die sie mir nicht gegeben hatten."   30
    Er trank bedächtig und wandte sich mir wieder zu. „1977 war mein
feinstes Jahr. Man muß durchhalten. Man darf nicht nachgeben. Man
muß kämpfen und versuchen, *das Beste daraus zu machen,* sonst
macht es keinen Sinn."
    Leider hatte ich es eilig. *„Haben Sie eine gute Zeit!"* rief ich noch, 35
„schade, und guten Rutsch⁴!" Er blieb gelassen. „Macht nichts, ich habe
noch zu lesen." Er zog ein dickes Heft hervor. „Eine alte *Kopie* vom
STERN, mein favorite reading. See you later."

Wichtige Redewendungen und Konstruktionen

	Gutes Deutsch	Gutes Englisch	Amerikanismen
1.	im Jahr 1977	in 1977	in 1977
2.	vor ungefähr zwanzig Jahren	some twenty years ago	vor einigen zwanzig Jahren
3.	um zu besuchen	in order to see	um zu sehen
4.	soweit ich weiß	as far as I know	soweit als ich weiß
5.	aus München	from Munich	von München
6.	meinem Herzen nah	close to my heart	sehr nah zu meinem Herzen
7.	um ihre Adresse herauszufinden	in order to find her address	um ihre Adresse zu finden
8.	etwas trinken	to have a drink	einen Drink haben
9.	Spitzenhotel	first class hotel	Erstklaßhotel
10.	an einem schönen Ort	at a nice place	an einem schönen Platz
11.	seit mehr als zehn Jahren	for more than ten years	für mehr als zehn Jahre
12.	der 2. Weltkrieg	World War II	Weltkrieg II
13.	wir alle	all of us	alle von uns
14.	ich nicht	I have not.	ich habe nicht
15.	mit anderen Worten	in other words	in anderen Worten
16.	auf gut Deutsch	in good German	in gut Deutsch
17.	Bedienen Sie sich!	Help yourself!	Helfen Sie sich selbst!
18.	Das bedeutet nichts.	That means nothing.	Das meint nichts.
19.	viel Geld verdienen	to make much money	viel Geld machen
20.	es dauerte zehn Jahre	it took ten years	es nahm zehn Jahre

---

4. Happy New Year!

21. es ist für mich sehr befriedigend	it gives me deep satisfaction	es gibt mir tiefe Befriedigung
22. ich hatte Erfolg	I was a success	ich war ein Erfolg
23. völlig neu	brand new	brandneu
24. ich brachte meine Ideen an	I sold my ideas	ich verkaufte meine Ideen
25. ich nutzte meine Chance	I took my chance(s)	ich nahm meine Chance
26. mein bestes Jahr	my finest year	mein feinstes Jahr
27. den Augenblick nutzen	to make the best of it	das Beste daraus machen
28. es hat keinen Sinn	it makes no sense	es macht keinen Sinn
29. Amüsieren Sie sich gut!	Have a good time!	Haben Sie eine gute Zeit!
30. Ausgabe	copy	Kopie

Fragen

1. Wann emigrierte der Herr in die Vereinigten Staaten?
2. Wann wollte er zurückkommen und warum?
3. Was weiß der Herr über die Freundin?
4. Warum kam der Herr nach Deutschland zurück?
5. Wie war das Deutsch des liebenswürdigen Herrn?
6. Was tun die zwei in der Bar?
7. Wann war der Herr das letzte Mal in Europa?
8. Wann sind viele nach Amerika gegangen?
9. Wann spricht der alte Herr Deutsch?
10. Woher kennen die Deutschen die vielen Amerikanismen in der deutschen Sprache?
11 War der alte Herr in Amerika erfolgreich?
12. Wie lange dauerte es, bis er selbständig war?
13. Was sagte der erste Arbeitgeber in Amerika damals dem alten Herrn?
14. Wie war das Jahr 1977 für den alten Herrn?
15. Was ist die Lieblingslektüre des alten Herrn?

ÜBUNGEN

A. *Bilden Sie das Passiv:*

1. Man trank schnell einen Kaffee.
2. Wegen der damit verbundenen Gefahren greifen viele Menschen die Kernenergie an.
3. Man wies daraufhin, daß man Energie sparen müsse.
4. Im Jahr 1976 feierte man in den USA viel.
5. Man sollte private Verbraucher besser informieren.
6. Wir nutzen unsere elektrischen Geräte voll aus.

7. Eine falsche Luftzufuhr in der Heizungsanlage verunreinigt die Luft.
8. Man kocht Eier am besten mit Wasser aus dem Warmwasserhahn.
9. Man sollte Fenster und Türen abdichten.
10. Ich habe die Heizungstemperatur jeden Abend gesenkt.

B. *Bilden Sie den irrealen Konjunktiv; benutzen Sie eine **würde** + Infinitiv-Konstruktion, wenn es möglich ist:*

1. Wenn du dein Deutsch vergessen hast, mußt du es wieder lernen.
2. Wenn er die Adresse seiner Freundin bekommt, besucht er sie.
3. Wenn ich Zeit habe, lese ich den STERN.
4. Wenn man nicht hart arbeitet, hat man keinen Erfolg.
5. Wenn du es nicht eilig hast, kannst du noch ein Glas Wein trinken.
6. Wenn ich kann, sehe ich mir den Western an.
7. Wenn unsere Freunde hier noch wohnen, müssen wir sie besuchen.
8. Wenn sie die Chance hat, spricht sie Deutsch.
9. Wenn ich es weiß, sage ich es auf gut Deutsch.
10. Wenn ich nachgebe, nutze ich meine Chance nicht.

C. *Bilden Sie den irrealen Konjunktiv in der Vergangenheit mit allen Sätzen in Übung B.*

D. *Übersetzen Sie ins Englische:*

1. Die Erhöhung der Inflationsrate allein bedeutet nichts.
2. In unserem nächsten Urlaub möchten wir auch in einem Spitzenhotel wohnen.
3. Wir haben gestern unsere Freunde besucht.
4. In der Schweiz wie in den USA bedienen sich manche Kunden in den Geschäften des Einzelhandels selbst.
5. Ich hoffe, sie wird später viel Geld verdienen.
6. Ich hatte schon oft versucht, ihre Adresse herauszufinden.
7. Mit anderen Worten, wir werden in diesem Jahr wohl nicht in den Urlaub fahren können.
8. Es hat keinen Sinn, alle Arbeitslosen Drückeberger zu nennen.
9. Es war für uns sehr befriedigend, daß die Kernenergie nicht ausgenützt wurde.
10. Es wird sicher noch zehn Jahre dauern, bis die Sonnenenergie voll entwickelt ist.
11. Der Arbeitslose, der so lange ohne Stellung war, hatte schließlich doch Erfolg.
12. Wir alle freuen uns schon auf den Urlaub.
13. Sie sind seit dem 2. Weltkrieg nicht mehr in Deutschland gewesen.
14. Im Jahr 1975 gab es in der BRD noch ca. 2 Millionen Gastarbeiter.
15. Der liebenswürdige Herr hat seine Chance genutzt.

E. *Sagen Sie auf gut deutsch:*

1. Some twenty years ago, I saw my friend for the last time.
2. I tried in vain to see her.
3. As far as I know, solar energy is not developed far enough.
4. All my friends are from Munich.
5. They are very close to my heart.
6. I really would like to have a drink now.
7. One should spend more time at such a nice place.
8. For more than ten years, he has not been very successful.
9. Have I ever stolen something in a store? I certainly have not!
10. Finally, the talented young actor was a success.
11. The auto industry should develop a brand-new engine that consumes less gasoline.
12. The old man finally sold his ideas to his employer.
13. Let's try to make the best of it.
14. It makes no sense to buy a new car now.
15. I hope that you will have a good time in Europe.

GESPRÄCHSTHEMEN

1. Kennen Sie einige andere als die genannten deutschen Redewendungen? Welche?
2. Warum ist es so wichtig, Redewendungen zu lernen?
3. Kennen Sie deutsche Wörter oder Redewendungen in der englischen Sprache?

KLEINE AUFSATZTHEMEN

1. Schreiben Sie einen kleinen Aufsatz (*essay*) „auf gut deutsch" mit einigen der Redewendungen aus dem Artikel „In 1977"!
2. Warum gibt es in der deutschen Sprache so viele Amerikanismen?

VOKABULAR

die **Adresse, -n** address
der **Akzent, -e** accent
   sich amüsieren to enjoy oneself
der **Amerikanismus, Amerikanismen** Americanism
   an·bringen, brachte, angebracht to put forth
   sich an·gewöhnen to get into the habit
   arbeiten to work
der **Aufsatz, ⁻e** essay

der **Augenblick, -e** moment
die **Ausgabe, -n** copy, issue
die **Bar, -s** bar
   bedächtig thoughtful
   (sich) bedienen to serve
die **Befriedigung** satisfaction
das **Beste, -n (ein Bestes)** best (noun)
   dauern to last
   dick thick
der **Drink, -s** drink
   drüben on the other side

durch·halten, hält, hielt,
   durchgehalten   to stick it out
ebenso   equally
eilig   urgent; es eilig haben to be in a
   hurry
emigrieren   to emigrate
feiern   to celebrate
fein   fine
die Freundin, -nen   girl friend
gelassen   calm, composed
halbreif   half-ripe
hart   hard
das Heft, -e   magazine
heraus·finden, fand, herausgefunden   to find (out)
her·kommen, kam, ist hergekommen   to come here
der Herr, -en   gentleman
das Herz, -en   heart
die Kopie, -n   copy
der Korrespondent, -en   (news) correspondent
liebenswürdig   kind

die Lieblingslektüre, -n   favorite reading
nicht mehr   not anymore
nichts   nothing
nutzen   to take advantage
der Ort, -e   place, location
das Risiko, Risiken   risk
rufen, rief, gerufen   to call
schade!   too bad!
selbständig   self-reliant
der Sinn, -e   sense
sonst   otherwise
das Spitzenhotel, -s   first-class hotel
tief   deep
die Übersetzung, -en   translation
umgeben   surrounded
verkaufen   to sell
der Verlierer, -   loser
völlig   complete, total
der Western, -   western (movie)
ziehen, zog, gezogen   to pull
zurück·kommen, kam, ist
   zurückgekommen   to come back

Important Strong and Irregular Weak Verbs and Modal Auxiliaries

INFINITIVE	PRESENT	PAST	PAST PARTICIPLE
backen (to bake)	bäckt	backte (buk)	gebacken
befehlen (to command)	befiehlt	befahl	befohlen
beginnen (to begin)		begann	begonnen
beißen (to bite)		biß	gebissen
betrügen (to deceive)		betrog	betrogen
beweisen (to prove)		bewies	bewiesen
biegen (to bend)		bog	gebogen
bieten (to offer)		bot	geboten
binden (to bind)		band	gebunden
bitten (to request)		bat	gebeten
blasen (to blow)	bläst	blies	geblasen
bleiben (to remain)		blieb	ist geblieben
braten (to fry)	brät	briet	gebraten
brechen (to break)	bricht	brach	gebrochen
brennen (to burn)		brannte	gebrannt
bringen (to bring)		brachte	gebracht
denken (to think)		dachte	gedacht
dürfen (to be allowed)	darf	durfte	gedurft
eindringen (to penetrate)		drang ein	ist eingedrungen
empfehlen (to recommend)	empfiehlt	empfahl	empfohlen
entscheiden (to decide)		entschied	entschieden
entweichen (to escape)		entwich	ist entwichen
erschrecken (to frighten)	erschrickt	erschrak	ist erschrocken
essen (to eat)	ißt	aß	gegessen
fahren (to drive)	fährt	fuhr	ist gefahren
fallen (to fall)	fällt	fiel	ist gefallen
fangen (to catch)	fängt	fing	gefangen
finden (to find)		fand	gefunden
fliegen (to fly)		flog	ist geflogen
fliehen (to flee)		floh	ist geflohen
fließen (to flow)		floß	ist geflossen
fressen (to eat)	frißt	fraß	gefressen
frieren (to freeze)		fror	gefroren
gebären (to give birth)	gebiert	gebar	geboren
geben (to give)	gibt	gab	gegeben
gedeihen (to thrive)		gedieh	ist gediehen
gehen (to walk)		ging	ist gegangen

INFINITIVE	PRESENT	PAST	PAST PARTICIPLE
gelingen (to succeed)		gelang	ist gelungen
gelten (to be worth)	gilt	galt	gegolten
genießen (to enjoy)		genoß	genossen
geschehen (to occur)	geschieht	geschah	ist geschehen
gewinnen (to win, gain)		gewann	gewonnen
gießen (to pour)		goß	gegossen
gleichen (to resemble)		glich	geglichen
gleiten (to glide)		glitt	ist geglitten
graben (to dig)	gräbt	grub	gegraben
greifen (to seize)		griff	gegriffen
haben (to have)	hat	hatte	gehabt
halten (to hold)	hält	hielt	gehalten
hängen (to hang)		hing	gehangen
hauen (to spank)		haute (hieb)	gehauen
heben (to lift)		hob	gehoben
heißen (to be called)		hieß	geheißen
helfen (to help)	hilft	half	geholfen
kennen (to know)		kannte	gekannt
klingen (to sound)		klang	geklungen
kommen (to come)		kam	ist gekommen
können (to be able)	kann	konnte	gekonnt
kriechen (to crawl)		kroch	ist gekrochen
laden (to load)	lädt	lud	geladen
lassen (to let)	läßt	ließ	gelassen
laufen (to run)	läuft	lief	ist gelaufen
leiden (to suffer)		litt	gelitten
leihen (to lend)		lieh	geliehen
lesen (to read)	liest	las	gelesen
liegen (to lie)		lag	gelegen
lügen (to tell a lie)		log	gelogen
messen (to measure)	mißt	maß	gemessen
mißlingen (to fail)		mißlang	ist mißlungen
mögen (to like, like to)	mag/möchte	mochte	gemocht
müssen (to have to)	muß	mußte	gemußt
nehmen (to take)	nimmt	nahm	genommen
nennen (to name)		nannte	genannt
pfeifen (to whistle)		pfiff	gepfiffen
raten (to advise; guess)	rät	riet	geraten
reiben (to rub)		rieb	gerieben
reißen (to tear)		riß	ist gerissen

INFINITIVE	PRESENT	PAST	PAST PARTICIPLE
reiten (to ride)		ritt	ist geritten
rennen (to run)		rannte	ist gerannt
riechen (to smell)		roch	gerochen
ringen (to wrestle)		rang	gerungen
rufen (to call)		rief	gerufen
saufen (to drink)	säuft	soff	gesoffen
saugen (to suck)		sog	gesogen
schaffen (to create)		schuf	geschaffen
scheinen (to seem; shine)		schien	geschienen
schieben (to push)		schob	geschoben
schießen (to shoot)		schoß	geschossen
schlafen (to sleep)	schläft	schlief	geschlafen
schlagen (to beat)	schlägt	schlug	geschlagen
schleichen (to sneak)		schlich	ist geschlichen
schließen (to close)		schloß	geschlossen
schmeißen (to fling)		schmiß	geschmissen
schmelzen (to melt)	schmilzt	schmolz	ist geschmolzen
schneiden (to cut)		schnitt	geschnitten
schreiben (to write)		schrieb	geschrieben
schreien (to cry)		schrie	geschrien
schweigen (to be silent)		schwieg	geschwiegen
schwimmen (to swim)		schwamm	ist geschwommen
schwören (to swear an oath)		schwur	geschworen
sehen (to see)	sieht	sah	gesehen
sein (to be)	ist	war	ist gewesen
singen (to sing)		sang	gesungen
sinken (to sink)		sank	ist gesunken
sitzen (to sit)		saß	gesessen
sollen (to ought to)	soll	sollte	gesollt
spinnen (to spin)		spann	gesponnen
sprechen (to speak)	spricht	sprach	gesprochen
sprießen (to sprout)		sproß	ist gesprossen
springen (to jump)		sprang	ist gesprungen
stechen (to sting)	sticht	stach	gestochen
stehen (to stand)		stand	gestanden
stehlen (to steal)	stiehlt	stahl	gestohlen
steigen (to climb)		stieg	ist gestiegen
sterben (to die)	stirbt	starb	ist gestorben
stinken (to stink)		stank	gestunken
stoßen (to push)	stößt	stieß	gestoßen
streichen (to stroke; spread)		strich	gestrichen
streiten (to quarrel)		stritt	gestritten
tragen (to carry)	trägt	trug	getragen
treffen (to hit; meet)	trifft	traf	getroffen
treiben (to drive)		trieb	getrieben

INFINITIVE	PRESENT	PAST	PAST PARTICIPLE
treten (to step; kick)	tritt	trat	getreten
trinken (to drink)		trank	getrunken
tun (to do)		tat	getan
verbergen (to hide)	verbirgt	verbarg	verborgen
verderben (to spoil)	verdirbt	verdarb	verdorben
vergessen (to forget)	vergißt	vergaß	vergessen
verlieren (to lose)		verlor	verloren
verschwinden (to disappear)		verschwand	ist verschwunden
verzeihen (to forgive)		verzieh	verziehen
wachsen (to grow)	wächst	wuchs	ist gewachsen
waschen (to wash)	wäscht	wusch	gewaschen
wenden (to turn)		wandte/wendete	gewandt
werben (to advertise)	wirbt	warb	geworben
werden (to become)	wird	wurde	ist geworden
werfen (to throw)	wirft	warf	geworfen
wiegen (to weigh)		wog	gewogen
winden (to wind)		wand	gewunden
wissen (to know)	weiß	wußte	gewußt
wollen (to want)	will	wollte	gewollt
zwingen (to compel)		zwang	gezwungen

Wörterverzeichnis

This vocabulary is intended to be complete for the contexts of this book. Not listed in this and the chapter vocabularies are footnoted terms intended for recognition knowledge only.

Numbers after entries identify the chapter in which a word first occurs and is included in the chapter vocabulary. Entries without numbers are common basic words (articles, prepositions, and the like) not listed in chapter vocabularies.

Verbs with separable prefixes are identified as follows: **ab·drehen.**

ab·drehen (10) to turn off
der **Abend, -e** (5) evening
das **Abendessen, -** (4) dinner
das **Abendland** (6) occident
abends (4) in the evening(s)
ab·fahren, fährt, fuhr, ist abgefahren (14) to leave
das **Abgas, -e** (14) exhaust fume
ab·hängen, hing, abgehangen (14) to depend
abhängig (4) dependent
ab·lehnen (14) to refuse, reject
ab·schätzen (14) to estimate
ab·schließen, schloß, abgeschlossen (7) to finish
die **Abwechslung, -en** (11) diversion; variety
die **Abwehr** (14) defense
die **Adresse, -n** (18) address
ahnen (17) to suspect
ähnlich (7) similar
aktiv (13) active
aktuell (9) acute; topical
der **Akzent, -e** (18) accent
alle all
allein (11) alone
allerdings (4) however
allgemein (4) general
der **Alliierte, -n** (6) ally
alljährlich (16) (adj.) every year
alltäglich (14) everyday, trivial
allzusehr (8) too much
als (1) as; than
alt (5) old
das **Alter, -** (9) age
die **Alternative, -n** (14) alternative
der **Amerikaner, -** (4) American (citizen)
amerikanisch (1) (adj.) American
der **Amerikanismus, Amerikanismen** (18) Americanism
amüsant (6) amusing, entertaining
sich amüsieren (18) to enjoy oneself
an (+ dat. /acc.) at; on; to

an·bieten, bot, angeboten (7) to offer
der **Anblick, -e** (17) sight
an·bringen, brachte, angebracht (18) to put forth
andere other(s)
ändern (3) to change
die **Anerkennung** (3) recognition
der **Anfang, ̈e** (6) beginning
an·fangen, fängt, fing, angefangen (2) to begin
die **Anforderung, -en** (7) demand
die **Angabe, -n** (9) description; statement
das **Angebot, -e** (7) supply
der **Angeklagte, -n (ein Angeklagter)** (5) defendant
angenehm (8) pleasant
sich angewöhnen (18) to get into the habit
an·greifen, griff, angegriffen (10) to attack
der **Angreifer, -** (12) attacker
der **Angriff, -e** (6) attack
an·kommen, kam, ist angekommen (4) to arrive
die **Ankunft** (4) arrival
die **Anlage, -n** (12) installation
anläßlich (16) on the occasion of
die **Annahme, -en** (7) assumption
an·nehmen, nimmt, nahm, angenommen (3) to take on; to assume
an·ordnen (15) to arrange, design
anregend (11) stimulating
an·richten (14) to cause
an·rufen, rief, angerufen (11) to make a phone call
der **Anschein** (5) impression
anscheinend (3) apparently
an·schließen, schloß, angeschlossen (10) to connect, attach
der **Anschluß, ̈sse** (14) connection
(sich) an·sehen, sieht, sah, angesehen (2) to watch

157

die **Ansicht, -en** (15) opinion
an·sprechen, spricht, sprach, angesprochen (16) to appeal
der **Anspruch, ⁻e** (14) claim, demand
anstatt (zu) (6) instead (of)
an·steigen, stieg, ist angestiegen (7) to climb
anstrengend (4) exhausting
der **Anteil, -e** (11) part
die **Antwort, -en** (5) answer
die **Anwendung, -en** (1) application
anwesend (sein) (2) (to be) present
die **Anzahl** (4) number
der **Anzug, ⁻e** (5) suit
der **Apparat, -e** (11) telephone; apparatus
der **April** (4) April
die **Arbeit, -en** (2) work
arbeiten (18) to work
der **Arbeitgeber, -** (7) employer
der **Arbeitnehmer, -** (7) employee
das **Arbeitsamt, ⁻er** (7) public employment agency
arbeitsfähig (4) able to work
die **Arbeitskraft, ⁻e** (7) worker
der **Arbeitslose, -n (ein Arbeitsloser)** (7) unemployed person
die **Arbeitslosenunterstützung** (7) unemployment compensation
die **Arbeitslosenzahl, -en** (14) number of unemployed
die **Arbeitslosigkeit** (7) unemployment
der **Arbeitsmarkt** (7) labor market
der **Arbeitsplatz, ⁻e** (7) place of work
die **Arbeitsstelle, -n** (7) job; work
der **Arbeitstag, -e** (14) working day
die **Arbeitsvermittlung** (7) work procurement
der **Architekt, -en** (9) architect
die **Architektur, -en** (6) architecture
der **Archäologe, -n** (17) archeologist
(sich) ärgern (11) to be angry
arm (5) poor
die **Armee, -n** (6) army
die **Art, -en** (12) type
der **Artikel, -** (8) article
der **Arzt, ⁻e** (9) physician
ätzen (17) to etch
die **Atmosphäre, -n** (5) atmosphere
auch (2) also
auf (+ dat./acc.) on; to
der **Aufbau** (13) building, constructing
die **Auferstehung** (17) resurrection
auf·fallen, fällt, fiel, ist aufgefallen (5) to occur
auf·fangen, fängt, fing, aufgefangen (12) to absorb
die **Aufgabe, -n** (7) assignment
aufgrund (7) because of

auf·heizen (10) to heat
auf·nehmen, nimmt, nahm, aufgenommen (5) to take up
aufrecht (16) upright
der **Aufsatz, ⁻e** (18) essay
das **Aufsatzthema, -themen** (1) composition topic
auf·stehen, stand, ist aufgestanden (2) to get up, rise
auf·teilen (3) to divide
der **Augenblick, -e** (18) moment
der **August** (4) August
aus (+ dat.) out of; from
der **Ausdruck, ⁻e** (17) expression
der **Ausflug, ⁻e** (14) trip, excursion
die **Ausgabe, -n** (18) copy, issue
aus·geben, gibt, gab, ausgegeben (8) to spend
aus·gehen von, ging, ist ausgegangen (5) to consider; to assume
das **Ausland** (4) abroad, foreign countries
der **Ausländer, -** (6) foreigner
ausländisch (6) foreign
aus·nützen (10) to utilize
aus·reichen (13) to suffice
die **Ausreise, -n** (5) departure
aus·sehen, sieht, sah, ausgesehen (17) to look like
außer (+ dat.) besides; except
außerdem (5) besides
außerhalb (+ gen.) outside of
außerordentlich (1) extraordinary
die **Aussicht, -en** (12) prospect, chance; view
aus·stellen (5) to exhibit
aus·üben (7) to exert
das **Auto, -s** automobile, car
die **Autobahn, -en** (4) freeway
der **Autobesitzer, -** (14) car owner
der **Autofahrer, -** (7) driver of a car
das **Automobil, -e** (14) automobile
die **Automobilindustrie** (14) auto industry
der **Autoverkehr** (5) automobile traffic

der **Babysitter, -** (14) babysitter
die **Bahn, -en** (14) railroad
der **Bahnhof, ⁻e** (9) train station
der **Ball, ⁻e** (2) ball
das **Band, ⁻er** (17) ribbon
die **Bar, -s** (14) bar
barock (6) baroque
bauen (6) to build
der **Beamte, -n (ein Beamter)** (9) civil servant
beantworten (9) to answer
bedächtig (18) thoughtful; deliberate
bedenken, bedachte, bedacht (10) to remember; to think

bedeuten (6)   to mean
bedeutend (1)   significant
die **Bedeutung, -en** (1)   significance; meaning
(**sich**) **bedienen** (18)   to serve
das **Bedürfnis, -se** (15)   need
beenden (6)   to end
sich befinden, befand, befunden (2) to be located
befragen (9)   to ask
befriedigend (8)   satisfactory
die **Befriedigung** (18)   satisfaction
begabt (16)   talented
begehen, beging, begangen (16)   to celebrate, commemorate
beginnen, begann, begonnen (4)   to begin
begraben, begräbt, begrub, begraben (14)   to bury
begründet (7)   caused; justified
behindern (7)   to hinder, handicap
bei (+ *dat.*)   with; near
beide   both
beinah (1)   almost
das **Beispiel, -e** (1)   example
beispielsweise (15)   for example
der **Beitrag, -̈e** (14)   contribution; membership dues
bekannt (2)   known
die **Bekanntschaft, -en** (6)   acquaintance
belagern (6)   to besiege
beliebt (4)   popular
die **Beliebtheit** (5)   popularity
bemalen (17)   to paint
sich bemerkbar machen (5)   to become noticeable
bemerken (5)   to notice
die **Bemerkung, -en** (1)   note
benutzen (2)   to use
das **Benzin** (4)   gasoline
der **Benzinpreis, -e** (7)   price of gasoline
bequem (4)   comfortable
bereit (7)   ready
bereit·stellen (7)   to make available
der **Bereich, -e** (14)   realm
der **Bericht, -e** (8)   report
der **Beruf, -e** (9)   occupation
die **Berufsausbildung, en** (7) (professional) education
der **Berufssoldat, -en** (9)   professional soldier
berühmt (1)   famous
berühren (2)   to touch
(**sich**) **beschäftigem** (7)   to occupy (oneself)
beschließen, beschloß, beschlossen (6)   to decide
beschreiben, beschrieb, beschrieben (5)   to describe

besetzen (6)   to occupy
besichtigen (15)   to view, survey; to examine
besitzen, besaß, besessen (2)   to possess
besonders (8)   especially
bestätigen (7)   to confirm
das **Beste, -n** (**ein Bestes**) (18)   best (noun)
bestehen, bestand, bestanden (2)   to consist of; to exist
bestellen (8)   to order
bestenfalls (5)   at best
bestimmt (7)   certain
der **Besuch, -e** (5)   visit
besuchen (3)   to visit
der **Besucher, -** (5)   visitor
der **Betrieb, -e** (10)   operation; business
das **Bett, -en** (10)   bed
die **Bevölkerung** (1)   population
bevor·stehen, stand, bevorgestanden (7)   to lie ahead
bewältigen (10)   to surmount
(**sich**) **bewegen** (12)   to move
der **Beweis, -e** (5)   proof
sich bewerben um, bewarb, beworben (7)   to apply for
bezahlen (8)   to pay
bezeichnen (5)   to denote, call
die **Bezeichnung, -en** (17)   designation
die **Beziehung, -en** (3)   relation(ship)
das **Bier, -e** (2)   beer
bieten, bot, geboten (6)   to offer
bilden (1)   to form; educate
billig (4)   cheap
bis (+ *acc.*)   until; as far as
bisher (10)   up to now
bitte (9)   please; you are welcome
die **Bitte, -n** (9)   request
blau (6)   blue
bleiben, blieb, ist geblieben (6)   to stay, remain
die **Blume, -n** (11)   flower
der **Blumengruß, -̈e** (11)   floral greeting
die **Branche, -n** (7)   branch
der **Brauch, -̈e** (17)   custom
brauchen (10)   to use; need
brennen, brannte, gebrannt (10)   to burn
bringen, brachte, gebracht (6)   to bring
das **Brot, -e** (15)   bread
der **Bruder, -̈** (16)   brother
die **Bühne, -n** (16)   stage
bunt (17)   colorful
der **Bürger, -** (3)   citizen
der **Bus, -se** (2)   bus
das **Butterbrot, -e** (4)   sandwich

die **Chance, -n** (7)   chance

der **Chemiker, -** (9)   chemist
circa (1)   approximately
christlich (6)   (*adj.*) Christian
chronisch (8)   chronic

da (11)   there
daher (5)   therefore
damals (8)   then
die **Dame, -n** (11)   lady
damit (6)   therefore
dar·stellen (2)   to represent
datieren (17)   to date
das **Datum, Daten** (6)   date
dauern (18)   to last
davon (1)   of that
die **Decke, -n** (10)   ceiling; blanket
decken (7)   to cover
das **Defizit, -e** (14)   deficit
demographisch (7)   demographic
die **Demoskopie** (9)   opinion poll(ing)
denken, dachte, gedacht (3)   to think;
   zu denken geben (3)   to give cause
   for thought
dennoch (5)   nevertheless
deshalb (3)   therefore
deutlich (14)   clear
deutsch (1)   (*adj.*) German
(das) **Deutsch** (1)   German (language)
der **Deutsche, -n, die Deutsche, -n (ein**
   Deutscher, eine Deutsche) (4)   German (citizen)
(das) **Deutschland** (1)   Germany
deutschsprachig (10)   of the German
   language
der **Dezember** (4)   December
der **Dichter, -** (6)   poet
die **Dichtung, -en** (6)   literature
dick (18)   thick; heavy
der **Diebstahl, ̈e** (15)   theft
dienen (6)   to serve
der **Dienst, -e** (14)   service
direkt (10)   direct
diesjährig (10)   of the (current) year
diesseits (+ *gen.*) on this side of
die **Dimension, -en** (3)   dimension
das **Ding, -e** (5)   thing
die **Diskothek, -en** (13)   discothèque;
   disco
die **Diskussion, -en** (13)   discussion
diskutieren (14)   to discuss
doch (11)   nevertheless
die **Donau** (6)   Danube
doppelt (15)   twice; double
das **Dorf, ̈er** (2)   village
dort (1)   there
dringend (11)   urgent
der **Drink, -s** (18)   drink
drüben (18)   on the other side; over
   there
der **Druck** (7)   pressure

dunkel (5)   dark
das **Dunkel** (17)   obscurity
durch (+ *acc.*)   through
durch·halten, hält, hielt, durchgehalten
   (18)   to stick it out
durchschnittlich (15)   (*adj.*) average,
   mean
dürfen, darf, durfte, gedurft (6)   may,
   to be allowed to

die **Ebene, -n** (5)   level, plain
ebenso (18)   equally
die **Ehefrau, -en** (14)   wife
die **Eheleute** (*pl.*) (13)   married couple
ehemalig (13)   formerly
eher (15)   rather
ehrlich (15)   honest
das **Ei, -er** (10)   egg
eigen (3)   own
eigentlich (5)   actually
eilig (18)   urgent; **es eilig haben** (18) to
   be in a hurry
einander (3)   each
der **Einbau** (10)   installation
eindeutig (16)   unequivocal
der **Eindruck, ̈e** (6)   impression
einfach (5)   simple
ein·fallen, fällt, fiel, ist eingefallen
   (11)   to think of, remember
der **Einfluß, ̈sse** (6)   influence
ein·fügen (1)   to insert
die **Einheit, -en** (12)   unit
einige   some
der **Einkauf, ̈e** (14)   purchase
ein·kaufen (8)   to shop
ein·laden, lädt, lud, eingeladen
   (13)   to invite
einmalig (6)   unique
die **Einreise, -n** (5)   arrival
ein·richten (8)   to institute; to arrange,
   furnish
die **Einrichtung, -en** (6)   institution; installation; furniture
einsam (11)   lonely
die **Einsamkeit** (11)   loneliness
der **Einsatz, ̈e** (12)   action, mission
ein·schränken (10)   to diminish; limit
ein·tauschen (8)   to change
die **Eintrittskarte, -n** (5)   admission ticket
der **Einwohner, -** (1)   inhabitant
der **Einzelhandel** (15)   retail trade
einzeln (2)   individual
einzig (1)   single; only
elegant (6)   elegant
die **Elektrizität** (10)   electricity
die **Eltern** (*pl.*)   parents
emigrieren (18)   to emigrate
empfehlen, empfiehlt, empfahl, empfohlen (8)   to recommend

das **Ende, -n** (2)   end
die **Energie, -n** (10)   energy
die **Energiequelle, -n** (10)   source of energy
das **Energiesparen** (10)   saving of energy
die **Energieversorgung** (10)   supply of energy
eng (13)   close; narrow; tight
das **Engagement** (16)   commitment
englisch (1)   (*adj.*) English
(das) **Englisch** (1)   English (language)
enorm (5)   enormous
entfernt (2)   apart
(sich) entfernen (3)   to move away
entnehmen, entnimmt, entnahm, entnommen (10)   to take (away)
entscheiden, entschied, entschieden (17)   to decide
die **Entscheidung, -en** (14)   decision
(sich) entschuldigen (11)   to apologize
entsprechen, entspricht, entsprach, entsprochen (+ *dat.*) (7)   to meet; to correspond (to)
entstehen, entstand, ist entstanden (13)   to originate
entweder ... oder (2)   either ... or
(sich) entwickeln (3)   to develop
die **Entwicklung, -en** (7)   development
erbauen (6)   to build
das **Ereignis, -se** (6)   event
ereignislos (5)   uneventful
der **Erfolg, -e** (3)   success
erfolglos (6)   futile
erfolgreich (6)   successful
erfordern (10)   to require, demand
(sich) erfreuen (+ *gen.*) (16)   to enjoy
erfreulich (4)   delightful, pleasant
erfüllen (11)   to fill
ergänzen (12)   to supplement
das **Ergebnis, -se** (9)   result
erhalten, erhält, erhielt, erhalten (12)   to receive
erhältlich (5)   available
erheben, erhob, erhoben (17)   to elevate
(sich) erhöhen (13)   to rise
erholt (4)   recovered
die **Erholung, -en** (14)   recuperation
(sich) erinnern an (7)   to remember
die **Erinnerung, -en** (6)   memory
erkennen, erkannte, erkannt (2)   to perceive; to recognize
erklären (2)   to explain
die **Erklärung, -en** (1)   explanation
erlauben (8)   to permit
erleben (6)   to experience
erledigen (15)   to finish; to bring to a close
erleichtern (8)   to facilitate

erliegen, erlag, ist erlegen (15)   to succumb
ermöglichen (10)   to make possible
ernsthaft (8)   serious
erobern (6)   to conquer
erreichen (4)   to reach
erscheinen, erschien, ist erschienen (6)   to appear
erstellen (12)   to construct
erwähnen (17)   to mention
erwarten (8)   to expect
die **Erwartung, -en** (16)   expectation
erwecken (5)   to give rise to
sich erweisen, erwies, erwiesen (13)   to prove; to render
erweitern (17)   to expand
erwünschen (8)   to desire
erzählen (4)   to tell
erzielen (17)   to accomplish
essen, ißt, aß, gegessen (3)   to eat
etwas (11)   some
(das) **Europa** (1)   Europe
der **Europäer, -** (6)   European
europäisch (1)   (*adj.*) European
existieren (7)   to exist
die **Exkursion, -en** (13)   excursion
der **Export, -e** (8)   export

fabelhaft (5)   fabulous
fahren, fährt, fuhr, ist gefahren (2)   to drive, travel
die **Fahrerei** (14)   driving
der **Fahrplan, ⁻e** (14)   schedule, time table
der **Fahrpreis, -e** (14)   fare
das **Fahrrad, ⁻er** (14)   bicycle
die **Fahrt, -en** (4)   trip
der **Fall, ⁻e** (5)   case
falsch (7)   false
der **Familienhaushalt, -e** (7)   family household
das **Familienmitglied, -er** (14)   member of the family
fanatisch (2)   fanatical
die **Farbe, -n** (5)   color
färben (17)   to color
farbig (17)   colorful
fast (2)   almost
die **Fauna** (13)   fauna, animals
der **Februar** (4)   February
fehlen (+ *dat.*) (7)   to miss; lack
feiern (18)   to celebrate
fein (18)   fine
die **Feldarmee, -n** (12)   field army
das **Fenster, -** (10)   window
die **Ferien** (*pl.*) (4)   vacation
die **Ferienzeit, -en** (14)   vacation time
fern (4)   distant
fern·sehen, sieht, sah, ferngesehen (2)   to watch TV

der **Fernseher, -** (2)   TV-set
fest (12)   firm; solid
fest·halten, hält, hielt, festgehalten (17)   to record
fest·stellen (5)   to notice; to determine
feuern (12)   to fire
der **Film, -e** (13)   movie, film
finden, fand, gefunden (2)   to find
die **Firma, Firmen** (8)   business; firm
der **Fisch, -e** (4)   fish
die **Flasche, -n** (8)   bottle
fliegen, flog, ist geflogen (4)   to fly
flüchtig (5)   in passing, quickly
der **Flugplatz, ⁻e** (9)   airport
die **Flut, -en** (14)   flood
folgen (ist) (+ *dat*.) (6)   to follow
folgendermaßen (9)   as follows
folglich (14)   consequently, therefore
die **Form, -en** (13)   form
die **Formalität, -en** (8)   formality
formen (1)   to form
formulieren (9)   to formulate
forschen (15)   to research
der **Förster, -** (9)   forest manager
das **Foto, -s** (4)   photograph
der **Fotoamateur, -e** (13)   amateur photographer
die **Frage, -n** (1)   question
fragen (10)   to ask
fraglich (7)   questionable
(das) **Frankreich** (3)   France
französisch (1)   (*adj*.) French
das **Französisch** (1)   French (language)
die **Frau, -en** (7)   woman; Mrs.
frei (13)   free
die **Freiheit, -en** (9)   freedom
freiwillig (13)   voluntary
die **Freizeit, -en** (2)   leisure time
die **Freizeitgestaltung, -en** (13)   recreational activity
fremd (4)   foreign; strange
die **Freude, -n** (9)   pleasure; joy
sich freuen (2)   to be delighted
sich freuen auf (2)   to look forward to
der **Freund, -e** (6)   friend
die **Freundin, -nen** (18)   friend
freundlich (11)   friendly
der **Frieden** (16)   peace
friedlich (3)   peaceful
frisch (4)   fresh
der **Friseur, -e** (9)   barber
die **Front, -en** (13)   front
die **Fruchtbarkeit** (17)   fertility
früh (14)   early
früher (5)   formerly
der **Frühling** (17)   spring, springtime
das **Frühstück** (4)   breakfast
führen (zu) (9)   to lead (to)
der **Führerschein, -e** (14)   driver's license

die **Führung** (7)   management; command; direction
füllen (7)   to fill
das **Fünftel, -** (12)   fifth
für (+ *acc*.)   for
der **Fuß, ⁻e** (2)   foot
der **Fußgänger, -** (5)   pedestrian

ganz (6)   all; total
gar nicht (11)   not at all
garantieren (12) to guaranty
der **Gast, ⁻e** (8)   guest
der **Gastarbeiter, -** (7)   guest worker
das **Gebäude, -** (13)   building
geben, gibt, gab, gegeben (2)   to give
das **Gebiet, -e** (1)   area
der **Gebrauchsgegenstand, ⁻e** (14)   commodity
die **Geburt, -en** (6)   birth
der **Gedanke, -n** (7)   thought
die **Gefahr, -en** (10)   danger
gefährlich (7)   dangerous
der **Gefährte, -n** (16)   companion
gefallen, gefällt, gefiel, gefallen (+ *dat*.) (9)   to like; to enjoy; to please
das **Gefühl, -e** (9)   feeling; sensation
gegen (+ *acc*.)   against
die **Gegend, -en** (6)   area
der **Gegensatz, ⁻e** (5)   contrast
gegenüber (+ *dat*.)   opposite
gegenüber·stehen, stand, gegenübergestanden (7)   to be confronted with
gegenwärtig (13)   presently
der **Gegner, -** (12)   opponent
gegnerisch (2)   opposing
gehen, ging, ist gegangen (2)   to go
gehören (zu) (+ *dat*.) (4)   to belong to
gekennzeichnet (12)   characterized
das **Geld, -er** (4)   money
die **Gelegenheit, -en** (12)   opportunity
gelingen, gelang, ist gelungen (+ *dat*.) (8)   to accomplish
gelten, gilt, galt, gegolten (8)   to be considered as; to apply
gemeinsam (1)   common, joint
das **Gemüse, -** (8)   vegetable
genau (6)   exact
der **Genosse, -n** (16)   comrade
genug (10)   enough
genügen (+ *dat*.) (11)   to suffice
genügend (11)   sufficient
das **Gerät, -e** (10)   appliance
gerecht (7)   fair, just
gering (5)   little, small
gern (2)   with pleasure
gesamt (5)   total
die **Gesamtbevölkerung** (7)   total population

das **Gesamtbild** (7)   total picture
das **Geschäft, -e** (5)   store
die **Geschichte, -n** (4)   story; history
der **Geschirrspüler, -** (10)   dishwasher
das **Geschütz, -e** (12)   cannon, gun
die **Geschwindigkeit, -en** (14)   speed
  gesellschaftlich (13)   social
das **Gesetz, -e** (8)   law
das **Gesicht, -er** (6)   face
  gespannt sein (auf) (2)   to be curious
  (about)
das **Gespräch, -e** (13)   discussion
das **Gesprächsthema, Gesprächsthemen**
  (1)   discussion topic
  gesundheitlich (7)   state of
  health
  gewinnen, gewann, gewonnen (2)   to
  win
  gewiß (9)   certain
  gewohnt (8)   accustomed
  gewöhnt sein (5)   to be accustomed to
das **Glas, -̈er** (4)   glass
  glauben (an) (3)   to believe (in)
der **Glaube** (11)   faith
  gleich (9)   same; right away
  gleichgestellt (7)   on the same level;
  equal
  gleichzeitig (8)   at the same time
das **Glück** (16)   happiness
  glücklich (2)   happy
  gotisch (6)   gothic
  grammatikalisch (1)   grammatical
  grau (5)   gray
  grell (5)   bright, glaring
die **Grenze, -n** (1)   border
die **Größe, -n** (6)   greatness; size
  groß (1)   large; great; big
(das) **Großbritannien** (3)   Great Britain
die **Großeltern** (pl.) (14)   grandparents
der **Großmarkt, -̈e** (11)   supermarket
der **Großstadtmensch, -en** (14)   city
  dweller
der **Groschen, -** (1)   Austrian penny
der **Grund, -̈e** (5)   reason
  gründen (13)   to found
  grundsätzlich (10)   fundamental
die **Gruppe, -n** (5)   group
der **Gruß, -̈e** (11)   greeting; salute
  gut (3)   good, well

  haben, hat, hatte, gehabt
  (1)   to have
  häufig (5)   frequently
  halb (1)   half
  halbleer (10)   half-empty
  halbreif (18)   half-ripe
der **Hammer, -̈** (8)   hammer
die **Hand, -̈e** (2)   hand
  handeln (7)   to deal

der **Händler, -** (11)   salesman; dealer
der **Handwerker, -** (8)   craftsman; mechanic
  hart (18)   hard
  hassen (11)   hate
  hauptsächlich (4)   mainly
die **Hauptstadt, -̈e** (1)   capital
der **Hauptvorteil, -e** (14)   main advantage
das **Haus, -̈er** (2)   house
die **Hausfrau, -en** (9)   housewife
der **Haushalt, -e** (10)   household
  häuslich (10)   domestic
das **Heft, -e** (18)   magazine
das **Heim, -e** (14)   home
  heimisch (13)   local
  heimlich (8)   secret
  heiß (10)   hot
  heißen, hieß, geheißen (1)   to mean; to
  be called
die **Heizanlage, -n** (10)   heating system
  heizen (10)   to heat
die **Heizung, -en** (10)   (central) heating
  helfen, hilft, half, geholfen (+ dat.)
  (8)   to help
  hell (11)   bright
  heraus·finden, fand, herausgefunden
  (18)   to find (out)
  heraus·kommen, kam, ist herausge-
  kommen (14)   to result
  herein·kommen, kam, ist hereinge-
  kommen (11)   to come in
  her·kommen, kam, ist hergekommen
  (18)   to come here
der **Herr, -en** (18)   gentleman; Mr.
der **Hersteller, -** (10)   producer
  hervorragend (5)   excellent
das **Herz, -en** (18)   heart
  heute (3)   today
  heutig (3)   present, modern
  heutzutage (4)   nowadays
  hierdurch (10)   hereby
  hierfür (5)   for this
die **Hilfe, -n** (1)   help, aid
der **Himmel** (11)   sky
  hinaus (6)   beyond
  hingeworfen (11)   casually dropped
  hinein·gehen, ging, ist hinein-
  gegangen (5)   to go into
  hin·legen (11)   to lay there
  hin·reichen (14)   to suffice
  (sich) hinsetzen (2)   to sit down
  hinsichtlich (7)   with regard
  hinter (+ dat./acc.)   behind
  hinterlassen, hinterläßt, hinterließ,
  hinterlassen (6)   to leave behind
  hin·weisen auf, wies, hingewiesen
  (8)   to point out
  historisch (6)   historical
die **Hitze** (10)   heat

der **Hobbyzirkel, -** (13)   special interest group
hoch (5)   high
der **Hochschulprofessor, -en** (9)   university professor
hoffentlich (2)   hopefully
die **Hoffnung, -en** (11)   hope
höflich (14)   polite
hören (6)   to hear
das **Hotel, -s** (4)   hotel
der **Hund, -e** (14)   dog
der **Hunger** (8)   hunger

die **Idee, -n** (11)   idea
die **Illustrierte, -n** (9)   magazine
immer (1)   always
der **Import, -e** (8)   import
in (+ *dat./acc.*)   in; into
indirekt (15)   indirect
die **Industrialisierung, -en** (6)   industrialization
die **Industrie, -n** (3)   industry
das **Industrieland, ̈-er** (10)   industrialized country
die **Inflation, -en** (7)   inflation
die **Inflationsrate, -n** (14)   rate of inflation
informieren (10)   to inform
der **Ingenieur, -e** (9)   engineer
die **Initiative, -n** (13)   initiative
die **Innenstadt, ̈-e** (6)   inner city
innerhalb (+ *gen.*)   inside of, within
inoffiziell (8)   inofficial
insgesamt (7)   altogether
das **Institut, -e** (9)   institute
die **Institution, -en** (5)   institution
intensiv (15)   intensive
interessant (4)   interesting
das **Interesse, -n** (1)   interest
der **Interessent, -en** (13)   interested person
(sich) interessieren (9)   to be interested
international (3)   international
investieren (15)   to invest
inzwischen (3)   in the meantime
irgendein (7)   some; any
irgendwelche (8)   any
irreal (9)   unreal
isolieren (10)   to insulate
(das) **Italien** (4)   Italy
(das) **Italienisch** (1)   Italian (language)

das **Jahr, -e** (1)   year
der **Jahrgang, ̈-e** (7)   age group
das **Jahrhundert, -e** (6)   century
jährlich (15)   annually
der **Januar** (4)   January
je (1)   each; ever
jedoch (3)   however
jemand (11)   somebody

jenseits (+ *gen.*)   on that side of
jetzt (6)   now
jeweils (5)   respectively; in each case
der **Job, -s** (14)   job
der **Journalist, -en** (9)   journalist
die **Jugend** (16)   youth
der **Jugendklub, -s** (13)   youth club
jugendlich (16)   youthful
der **Jugendliche, -n; die Jugendliche, -n** (**ein Jugendlicher, eine Jugendliche**) (13)   youth
der **Jugendtanz, ̈-e** (13)   dance for young people
(das) **Jugoslawien** (4)   Yugoslavia
der **Juli** (4)   July
jung (6)   young
der **Juni** (4)   June

der **Kaffee, -s** (4)   coffee
das **Kaffeekochen** (10)   cooking of coffee
der **Kaiser, -** (6)   emperor
kalt (4)   cold
die **Kälte** (10)   cold (noun)
der **Kampf, ̈-e** (2)   battle, fight
kämpfen (um) (2)   to battle (for), fight (for)
die **Kapazität, -en** (13)   capacity
kapitalistisch (5)   capitalistic
das **Kapitel, -** (1)   chapter
die **Karriere, -n** (9)   career
die **Kartoffel, -n** (10)   potato
der **Käse, -** (4)   cheese
der **Katalog, -e** (8)   catalog
der **Kauf, ̈-e** (10)   purchase
kaufen (8)   to buy
der **Kaufmann, Kaufleute** (11)   merchant
kaum (2)   barely
kennen, kannte, gekannt (1)   to know
kennen-lernen (2)   to get to know
die **Kernenergie** (10)   nuclear energy
das **Ketchup** (8)   ketchup
die **Kilowattstunde, -n** (10)   kilowatthour
das **Kind, -er** (2)   child
die **Kindheit** (9)   childhood
die **Kirche, -n** (2)   church
klagen (15)   to complain
klar (5)   clear
das **Kleid, -er** (5)   dress
die **Kleidung** (5)   clothing
klein (1)   small; little
die **Kleinigkeit, -en** (8)   little thing; petty matter
klettern (ist) (4)   to climb
der **Klub, -s** (13)   club
das **Klubhaus, ̈-er** (13)   club house
der **Koch, ̈-e** (9)   cook; chef
der **Kollege, -n** (16)   colleague
der **Komfort** (10)   comfort
der **Kommandant, -en** (12)   commander

kommen, kam, ist gekommen (4)   to come
kommerziell (14)   commercial
kompliziert (5)   complicated
der Konditor, -en (9)   pastrycook
die Konferenz, -en (6)   conference
der Konjunktiv (9)   subjunctive
die Konkurrenz (8)   competition
können, kann, konnte, gekonnt   to be able to
das Können (16)   ability
die Konstruktion, -en (1)   construction
der Konsument, -en (15)   consumer
der Kontakt, -e (13)   contact
der Kontinent, -e (4)   continent
die Kontrolle, -n (8)   control
kontrollieren (10)   to control
der Konzertsaal, -säle (6)   concert hall
der Kopf, ⁻e (2)   head
die Kopie, -n (18)   copy; duplicate
(das) Korea (3)   Korea
der Körper, - (2)   body
der Korrespondent, -en (18)   (news) correspondent
kosmetisch (8)   cosmetic
kosten (10)   to cost
der Kraftfahrer, - (9)   (truck) driver
der Kranke, -n; die Kranke, -n (ein Kranker, eine Kranke) (5)   sick person
kratzen (17)   to scratch
der Kreis, -e (13)   county; circle
der Krieg, -e (3)   war
die Krise, -n (7)   crisis
kritisch (16)   critical
der Kühlschrank, ⁻e (10)   refrigerator
die Kühltruhe, -n (10)   freezer
das Kultobjekt, -e (17)   cult object
die Kultur, -en (3)   culture
kulturell (1)   cultural
sich kümmern um (13)   to concern oneself
der Kunde, -n (8)   customer
die Kunst, ⁻e (16)   art
das Kunstobjekt, -e (17)   art object
der Künstler, - (13)   artist
kunstvoll (17)   artistic
kurz (3)   short
kürzlich (3)   recently

der Laden, ⁻e (15)   store
der Ladendiebstahl, ⁻e (15)   shoplifting
die Lage, -n (7)   situation; position
das Land, ⁻er (1)   country; state
die Landesgrenze, -n (12)   border of a country
der Landwirt, -e (9)   farmer
lang (3)   long
langsam (5)   slow

längst (adverb) (11)   long; long ago
lassen, läßt, ließ, gelassen (2)   to let, allow to
der Lauf (8)   course
laufen, läuft, lief, ist gelaufen (10)   to run
lauten (9)   to read; to sound
leben (3)   to live
das Leben (8)   life
die Lebenskraft, ⁻e (17)   vital power
die Lebensqualität (5)   quality of life
der Lebensstandard (5)   standard of living
das Leder (2)   leather; ball
leer (4)   empty
legen (11)   to lay
der Lehrer, - (9)   teacher
leicht (8)   easy; light
leiden, litt, gelitten (14)   to suffer
leider (3)   alas; unfortunately
leisten (14)   to render; to make
sich leisten (14)   to afford
lesen, liest, las, gelesen (3)   to read
der Leser, - (3)   reader
letzt- (6)   last
die Leute (pl.) (11)   people
das Licht, -er (7)   light
liebenswürdig (18)   kind
die Lieblingslektüre, -n (18)   favorite reading
das Lied, -er (6)   song
liefern (17)   to furnish; to deliver
liegen, lag, gelegen (1)   to lie
die Liste, -n (9)   list
die Literatur, -en (13)   literature
die Lockung, -en (15)   temptation; enticement
der Lokomotivführer, - (9)   locomotive engineer
lösen (7)   to solve
die Lösung, -en (7)   solution
die Luft (10)   air
die Lust (14)   pleasure; joy
der Luxus (5)   luxury

machen (2)   to make; to do; to matter
die Mahlzeit, -en (4)   meal
der Mai (4)   May
das Mal, -e (16)   time; mark
man (1)   one, you, we, they
manchmal (2)   sometimes
der Mangel, ⁻ (7)   lack
mangelnd (7)   lacking
mangels (14)   for lack of, in the absence of
die Manifestation, -en (16)   manifestation
der Mann, ⁻er (9)   man; husband
das Manöver, - (12)   maneuver
der Mantel, ⁻ (5)   coat
der März (4)   March

das **Maschinengewehr, -e** (12) machine gun
das **Material, -ien** (12) military equipment; material
der **Mechaniker, -** (9) mechanic
mehr ... als (4) more ... than
mehrere several
mehrmals (13) several times
die **Mehrzahl** (13) majority
meinen (7) to think; mean
die **Meinung, -en** (7) opinion
meist(ens) (2) mostly
der **Mensch, -en** (2) people
menschlich (3) human
das **Merkmal, -e** (6) characteristic
mildern (8) to soften, relieve
die **Million, -en** (1) million
die **Minderheit, -en** (7) minority
der **Minister, -** (16) cabinet minister, secretary
die **Minute, -n** (2) minute
die **Mischung, -en** (6) mixture
mit (+ *dat.*) with; by means of
mit·erleben (6) to experience
das **Mitglied, -er** (13) member
der **Mitmensch, -en** (11) fellow human
mittags (4) at noon
das **Mittel, -** (12) means; device
mittelalterlich (6) medieval
(das) **Mitteleuropa** (17) Central Europe
mittellang (16) longer, of medium length
der **Mittelpunkt, -e** (6) center
mobilisieren (12) to mobilize
die **Modenschau, -en** (13) fashion show
modern (6) modern
mögen, mag/möchte, mochte, gemocht (6) to like, to want to
möglich (12) possible
die **Möglichkeit, -en** (3) possibility
möglichst (13) possibly
der **Monat, -e** (1) month
die **Monarchie, -n** (6) monarchy
die **Moral** (11) moral (lesson)
morgen (7) tomorrow
morgens (4) in the morning(s)
das **Motiv, -e** (14) motive, reason; motif
der **Motor, -en** (10) motor
müde (4) tired
die **Mühe, -n** (14) effort
das **Museum, Museen** (5) museum
die **Musik** (6) music
musikalisch (5) musical
der **Musiker, -** (6) musician
müssen, muß, mußte, gemußt (6) to have to

nach (+ *dat.*) after; to; according to
die **Nachbarin, -nen** (11) (female) neighbor

nachdem (6) after
nach·denken, dachte, nachgedacht (11) to think, ponder
nachfolgend (6) resulting
die **Nachfrage, -n** (7) demand
nach·geben, gibt, gab, nachgegeben (8) to give in
nach·kommen, kam, ist nachgekommen (12) to accomplish
der **Nachmittag, -e** (5) afternoon
nächst- (2) next
nah (13) near, close
der **Name, -n** (6) name
namens (14) by the name of
nämlich (9) namely; that is (to say)
die **Nation, -en** (4) nation
national (13) national
die **Natur, -en** (17) nature
natürlich (2) naturally
neben (+ *dat./acc.*) beside
nebeneinander (3) next to one another, side by side
nehmen, nimmt, nahm, genommen (8) to take
nennen, nannte, genannt (5) to name, call
das **Netz, -e** (12) network; net
neu (6) new
neutral (12) neutral
die **Neutralität** (12) neutrality
nicht einmal (11) not even
nicht mehr (18) not anymore
nichts (18) nothing
niedrig (5) low
noch (14) yet
der **Norden** (5) north
normal (7) normal
notwendig (8) necessary
der **November** (4) November
nur (1) only
nutzen (18) to take advantage
der **Nutzen, -** (14) profit; advantage

oben (4) above; **nach oben** (4) upwards
der **Ober, -** (4) waiter
oberflächlich (10) superficial
das **Objekt, -e** (17) sample; object
das **Obst** (8) fruit
offen (7) open
öffnen (8) to open
der **Offizier, -e** (9) military officer
oft (1) often
ohne (+ *acc.*) without; **ohne zu ...** (4) without ...ing
der **Oktober** (4) October
das **Öl, -e** (10) oil
die **Ölkrise, -n** (7) oil crisis

das **Opfer, -** (12)   sacrifice
optimal (7)   optimal
die **Ordnung** (6)   order
die **Organisation, -en** (3)   organization
der **Ort, -e** (18)   place, location
örtlich (13)   local
der **Osten** (3)   east
der **Osterbaum, ⁻e** (17)   Easter tree
der **Osterbrauch, ⁻e** (17)   Easter custom
das **Osterei, -er** (17)   Easter egg
die **Ostertradition, -en** (17)   Easter tradition
die **Osterzeit** (17)   Easter time
(das) **Österreich** (1)   Austria
österreichisch (1)   (*adj.*) Austrian
(das) **Osteuropa** (17)   Eastern Europe

paar (5)   few
packen (10)   to load; to pack
der **Palast, ⁻e** (6)   palace
parken (14)   to park
der **Pastor, -en** (9)   pastor
permanent (12)   permanent
persönlich (10)   personal
der **Pfarrer, -** (9)   minister, preacher
pfeifen, pfiff, gepfiffen (2)   to whistle
der **Pfennig, -e** (1)   German penny
der **Pilot, -en** (9)   pilot
planen (4)   to plan
die **Planung, -en** (8)   planning
der **Platz, ⁻e** (2)   place
plötzlich (8)   suddenly
die **Politik** (16)   politics
der **Politiker, -** (3)   politician
politisch (1)   political
die **Popularität, -en** (2)   popularity
populärwissenschaftlich (13)
  scientific for popular appeal
positiv (3)   positive
potential (15)   potential
präsentieren (15)   to present, show
die **Praxis** (7)   practice
der **Preis, -e** (5)   price; prize
die **Presse** (8)   (journalistic) press
privat (8)   private
das **Privileg, -ien** (14)   privilege
pro (8)   per
das **Problem, -e** (3)   problem
das **Produkt, -e** (8)   product
das **Programm, -e** (13)   program
progressiv (16)   progressive
die **Propaganda** (16)   propaganda
das **Prozent, -e** (4)   percent
der **Prozentsatz, ⁻e** (7)   percentage
der **Psychologe, -n** (9)   psychologist
das **Publikum** (13)   public; audience;
  spectators
der **Punkt, -e** (5)   point; area

die **Qualifikation, -en** (7)   qualification

qualifiziert (7)   qualified
die **Qualität, -en** (5)   quality
qualitativ (8)   from the point of view
  of quality
die **Quelle, -n** (8)   source; well

das **Rad, ⁻er** (14)   wheel
das **Radio, -s** (2)   radio
der **Rappen, -** (1)   Swiss penny
der **Rat, ⁻e** (13)   council; advice
rationell (10)   efficient
der **Raum, ⁻e** (10)   room; area
realistisch (7)   realistic
rechnen (7)   to count, calculate; to
  anticipate
der **Rechtsanwalt, ⁻e** (9)   lawyer
die **Rede, -n** (4)   talk, speech
reden (11)   to talk
die **Redewendung, -en** (1)   phrase
die **Regel, -n** (2)   rule
regelmäßig (10)   regular
die **Regierung, -en** (3)   government
das **Reich, -e** (6)   empire
reich (5)   rich
die **Reise, -n** (1)   trip
der **Reiseführer, -** (6)   travel guide
reisen (ist) (4)   to travel
der **Reisende, -nö** die **Reisende (ein Rei-**
  sender, eine Reisende) (3)   traveler
das **Reiseziel, -e** (14)   destination
relativ (1)   relative
die **Republik, -en** (16)   republic
reparieren (8)   to repair
repräsentativ (9)   representative
reservieren (8)   to reserve
respektive (8)   respectively
das **Restaurant, -s** (8)   restaurant
das **Resultat, -e** (9)   result
das **Rezept, -e** (17)   recipe; prescription
die **Rezession, -en** (14)   recession
der **Rhein** (17)   Rhine river
der **Richter, -** (9)   judge
richtig (8)   real; correct; right
das **Rindfleisch** (4)   beef
das **Risiko, -s** (18)   risk
die **Rolle, -n** (8)   role
der **Römer, -** (6)   Roman
die **Rose, -n** (11)   rose
rot (2)   red
rufen, rief, gerufen (18)   to call
rund (2)   round; approximately

die **Sache, -n** (16)   project; thing
sagen (4)   to say
der **Satz, ⁻e** (11)   sentence
schade (18)   too bad
der **Schaden, ⁻** (14)   damage
schädigen (15)   harm; damage
scharf (5)   severe; sharp

das **Schaufenster, -** (5)   display window
das **Schauspiel, -e** (16)   play
der **Schein** (16)   appearance
  scheinbar (11)   apparently
  scheinen, schien, geschienen (5)   to
  appear
  schenken (8)   to donate
  schießen, schoß, geschossen (2)   to
  kick; to shoot
  schlafen, schläft, schlief, geschlafen
  (11)   to sleep
  schlecht (3)   bad
  schließen, schloß, geschlossen (7)   to
  close
  schließlich (8)   finally
  schlimm (11)   bad
das **Schloß, ¨sser** (6)   castle, palace; lock
  schnell (8)   fast
der **Schnitt, -e** (5)   cut
  schon (2)   already
  schön (16)   beautiful
  schreiben, schrieb, geschrieben (15)
  to write
  schreien, schrie, geschrien (2)   to
  shout, scream
  schriftlich (17)   (*adj.*) written
der **Schritt, -e** (5)   step
  schulen (12)   to train, school
die **Schwäche, -n** (8)   weakness
  schwarz (2)   black
das **Schweinefleisch** (4)   pork
die **Schweiz** (1)   Switzerland
  schweizerisch (15)   (*adj.*) Swiss
  schwer (2)   severe; heavy
  schwierig (7)   difficult
der **Seemann, Seeleute** (9)   sailor
  sehen, sieht, sah, gesehen (2)   to see
die **Sehnsucht** (16)   longing, yearning
  sehr (2)   very
  sein, ist, war, ist gewesen (1)   to be
  seit (+ *dat.*)   since; for
die **Seite, -n** (3)   side; page
  selbst (4)   self
  selbständig (18)   self-reliant; independent
  selbstverständlich (7)   naturally
  selten (10)   rare
  senken (10)   to lower
die **Sentimentalität, -en**
  (11)   sentimentality
der **September** (4)   September
  sicher (2)   certain; safe
  sicherlich (2)   certainly
die **Sicht** (10)   view
  simpel (11)   simple
der **Sinn, -e** (18)   sense
  sinnlos (11)   senseless
  sinnvoll (10)   sensible
der **Sitz, -e** (6)   seat

  sitzen, saß, gesessen (2)   to sit
  so (4)   so; thus
  so ... wie (1)   as ... as
  sofort (5)   at once
  sogar (4)   even
  sogenannt (5)   so-called
der **Sohn, ¨e** (11)   son
  solange (7)   as long
  solche   such
der **Soldat, -en** (12)   soldier
  solide (8)   solid
die **Solidarität** (16)   solidarity
  sollen, soll, sollte, gesollt (6)   to be
  supposed to, shall
  somit (8)   therefore
der **Sommer, -** (4)   summer
die **Sonnenenergie** (10)   solar energy
  sonst (18)   otherwise
  soviel (4)   so much
  soweit (9)   so far; as far
  sowie (13)   as well as
  sowjetisch (6)   (*adj.*) Soviet
die **Sowjetunion** (3)   Soviet Union
  sowohl ... als auch (3)   as well as
  sozialistisch (1)   socialistic
der **Sozialismus** (16)   socialism
(das) **Spanien** (4)   Spain
die **Spannung, -en** (2)   tension
  sparen (4)   to save
  sparsam (10)   frugal
  spät (6)   late
  spätestens (5)   at the latest
der **Speck** (4)   bacon
  speziell (16)   special
das **Spiegelei, -er** (4)   fried egg
das **Spiel, -e** (2)   game; play
  spielen (9)   to play
der **Spieler, -** (2)   player
der **Spielplan, ¨e** (16)   program, repertory
das **Spitzenhotel, -s** (18)   first-class hotel
  spontan (14)   spontaneous
der **Sport** (2)   sport
die **Sprache, -n** (1)   language
die **Sprachkenntnisse** (*pl.*) (7)   knowledge
  of language
  sprechen, spricht, sprach, gesprochen
  (1)   to speak
die **Spur, -en** (4)   trace
  spürbar (16)   considerable; sensible
der **Staat, -en** (1)   state
  staatlich (5)   public; national
das **Stadion, Stadien** (2)   stadium
der **Stahl** (7)   steel
die **Stadt, ¨e** (1)   city
  stammen (12)   to stem, originate
  ständig (13)   constant
  stark (7)   strong
die **Stärke, -n** (8)   strength
die **Statistik, -en** (3)   statistics, data

statistisch (9)   statistically
statt (+ *gen.*)   instead of
statt·finden, fand, stattgefunden
   (13)   to take place
stecken (11)   to put; to slip
stehen, stand, gestanden (2)   to stand
stehen·bleiben, blieb, ist stehenge-
   blieben (2)   to remain standing; to
   stand still; to stop
stehlen, stiehlt, stahl, gestohlen (15)
   to steal
steigen, stieg, ist gestiegen (7)   to
   climb
die **Stelle, -n** (1)   place; position
stellen (8)   to put
die **Stellung, -en** (7)   position; place
stets (14)   always
das **Steuer, -** (4)   steering wheel
still (3)   still; quiet
stillen (8)   to sooth; quiet
still·stehen, stand, stillgestanden
   (3)   to stand still
stimmen (7)   to be true; to be correct
die **Stimmung, -en** (6)   mood
der **Stock, -werke** (11)   floor (*level of a*
   building)
der **Stoß, ·e** (12)   thrust, blow; push
stoßen, stößt, stieß, gestoßen (2)   to
   push, knock
die **Strafe, -n** (2)   penalty
das **Strafmandat, -e** (14)   (traffic) ticket
die **Straße, -n** (11)   street
die·**Straßenbarrikade, -n** (12)   street barricade
sich streiten, stritt, gestritten (14)   to
   argue
der **Strom** (10)   electrical current
das **Stück, -e** (16)   piece
die **Stunde, -n** (14)   hour
stundenlang (4)   for hours
der **Student, -en** (3)   student
die **Substanz, -en** (17)   substance
die **Subvention, -en** (5)   subsidy
subventionieren (5)   to subsidize
suchen (4)   to seek; to look for
der **Süden** (5)   south
die **Symbolkraft, ·e** (17)   symbolic
   strength
die **Symphonie, -n** (5)   symphony
das **System, -e** (5)   system

der **Tag, -e** (1)   day
tagelang (8)   for days
täglich (7)   daily
das **Talent, -e** (16)   talent
der **Tank, -s** (7)   tank
die **Tankstelle, -n** (7)   gasoline station
der **Tanzabend, -e** (13)   evening of
   dancing

die **Tanzgruppe, -n** (13)   dance group
die **Tatsache, -n** (8)   fact
tatsächlich (6)   actually
tätig (4)   active
tätigen (15)   to undertake; to effect
die **Technik, -en** (17)   technique; tech-
   nology
technisch (12)   technical
technologisch (9)   technological
der **Teil, -e** (6)   part
teilen (8)   to share; to divide
das **Telefon, -e** (11)   telephone
teuer (2)   expensive
der **Text, -e** (1)   text
das **Theater, -** (5)   theater
das **Thema, Themen** (13)   topic
die **Theorie, -n** (7)   theory
tief (18)   deep
tiefenpsychologisch (15)
   psychoanalytical
der **Tip, -s** (10)   suggestion
der **Tisch, -e** (8)   table
der **Titel, -** (6)   title
das **Tor, -e** (2)   goal
tot (17)   dead
der **Tourist, -en** (4)   tourist
traditionell (4)   traditional
die **Träne, -n** (11)   tear
träumen (9)   to dream
traurig (11)   sad
der **Treffpunkte, -e** (13)   meeting place
trinken, trank, getrunken (3)   to drink
trocken (5)   dry
trocknen (10)   to dry
trotz (+ *gen.*)   in spite of
die **Truppe, -n** (12)   troop
tun, tat, getan (7)   to do
die **Tür, -en** (8)   door
der **Türke, -n** (6)   Turk
türkisch (17)   Turkish
typisch (4)   typical

üben (12)   to practice
über (+ *dat./acc.*)   over; about
überall (6)   everywhere
überhaupt (4)   at all
sich überlegen (+ *dat.*) (2)   to ponder
die **Übernachtung, -en** (14)   overnight
   stay
übernehmen, übernimmt, übernahm,
   übernommen (10)   to take over
überraschen (9)   to surprise
die **Überraschung, -en** (9)   surprise
die **Übersetzung, -en** (18)   translation
übersteigen, überstieg, überstiegen
   (7)   to exceed
überwachen (2)   to supervise
überwältigen (11)   to overwhelm
überzeugt (14)   convinced

die **Überzeugung, -en** (14) conviction
übrig (12) remaining
die **Übung, -en** (1) exercise
das **Übungsbeispiel, -e** (1) example for exercise
um (+ *acc.*) around; at; **um zu** (6) in order to
umfassen (6) to include
die **Umfrage, -n** (9) opinion poll
umgeben (18) surrounded
umgehen, umging, umgangen (8) to go around
der **Umsatz, ⁻e** (15) sales
umschreiben, umschrieb, umschrieben (12) to paraphrase
umsonst (12) for nothing, gratis
der **Umstand, ⁻e** (9) circumstance
der **Umweltschutz** (14) environmental protection
die **Umweltverschmutzung** (7) pollution
unabhängig (3) independent
die **Unabhängigkeit** (9) independence
unbedingt (9) absolutely; unconditionally
unbekannt (10) unknown
der **Unbekannte, -n; die Unbekannte, -n (ein Unbekannter, eine Unbekannte)** (11) stranger
unbequem (14) uncomfortable
unbesetzt (7) open; free, unoccupied
unentbehrlich (14) indispensable
(das) **Ungarn** (17) Hungary
ungefähr (1) approximately
ungeheuer (11) large, enormous
ungenügend (7) insufficient
ungeplant (15) unplanned
ungewohnt (5) unusual
ungewöhnlich (4) unusual
unglücklich (2) unhappy
die **Universität, -en** (3) university
unklug (10) unwise
unnötig (10) unnecessary
unpersönlich impersonal
unsterblich (6) immortal
unter (+ *dat./acc.*) under; among
(sich) unterhalten, unterhält, unterü hielt, unterhalten (2) to entertain; converse
die **Unterhaltung, -en** (16) entertainment; conversation
unterirdisch (12) subterranean, underground
die **Unterkunft, ⁻e** (12) shelter
die **Unternehmung, -en** (5) enterprise; undertaking
der **Unterschied, -e** (5) difference
unterschiedlich (10) different
unterstützen (12) to support
die **Unterstützung, -en** (13) support, assistance

die **Untersuchung, -en** (10) investigation
unvergleichlich (6) incomparable
unwahrscheinlich (9) unlikely
uralt (17) very old, ancient
urkundlich (17) documentary
der **Urlaub, -e** (4) vacation
der **Urlauber, -** (4) vacationer
die **Ursache, -n** (7) cause
der **Ursprung, ⁻e** (17) origin
ursprünglich (8) original

die **Variante, -n** (12) variant
der **Vater, ⁻** (14) father
verallgemeinern (7) to generalize
die **Veranstaltung, -en** (5) event
verbessern (3) to improve
verbinden, verband, verbunden (4) to connect; associate
die **Verbindung, -en** (6) combination; connection
der **Verbrauch** (10) consumption
verbrauchen (10) to consume
verbringen, verbrachte, verbracht (2) to spend; pass
verdanken (17) to owe
verdienen (7) to earn
verfeinern (15) to refine
verführen (15) to entice; seduce
verführerisch (15) enticing
verfügen (12) to control, have at one's disposal
die **Vereinigten Staaten (von Amerika)** (3) United States (of America)
verfolgen (1) to pursue; follow, watch
vergangen (6) past
die **Vergangenheit** (9) past (tense)
vergeblich (17) in vain
vergessen, vergißt, vergaß, vergessen (7) to forget
der **Vergleich, -e** (4) comparison
vergleichen, verglich, verglichen (1) to compare
vergleichsweise (17) in comparison
das **Verhältnis, -se** (8) relationship
verheiratet (11) married
verhelfen, verhilft, verhalf, verholfen (17) to help
verkaufen (18) to sell
der **Verkäufer, -** (15) seller; sales person
die **Verkäuferin, -nen** (11) sales woman, clerk
das **Verkehrsmittel, -** (14) mode of transportation
der **Verkehrspilot, -en** (9) commercial airline pilot
verlangen (3) to demand
verlieren, verlor, verloren (2) to lose
der **Verlierer, -** (18) loser
verloren-gehen, ging, ist verloren-gegangen (7) to get lost

der **Verlust, -e** (15)   loss
die **Vermehrung, -en** (7)   increase
vermeiden, vermied, vermieden
   (10)   to avoid
vermindern (7)   to diminish
vermitteln (7)   to arrange; negotiate
die **Vermittlung, -en** (7)   negotiation
(sich) versammeln (2)   to gather; meet
versäumen (14)   to miss
verschieden (1)   different
verschwenden (10)   to waste
versinnbildlichen (17)   to symbolize
die **Versorgung** (8)   supply
die **Versorgungsanlage, -n** (12)   supply
   system
versprechen, verspricht, versprach,
   versprochen (6)   to promise
verstehen, verstand, verstanden
   (2)   to understand
versuchen (6)   to try
verteilen (7)   to distribute
verteidigen (12)   to defend
der **Verteidiger, -** (12)   defender
die **Verteidigung, -en** (12)   defense
das **Verteidigungssystem, -e** (12)   system
   of defense
vertraut sein (10)   to be familiar
der **Vertreter, -** (9)   salesman
verunreinigen (10)   to pollute
verwandt (17)   related
der **Verwandte, -n; die Verwandte (ein**
   Verwandter, eine Verwandte)
   (8)   relative
verwenden (11)   to use
die **Verwirklichung** (16)   realization
verzieren (17)   to decorate
die **Verzierung, -en** (17)   decoration
verzichten (14)   to renounce
viele   many
vielfältig (16)   multifold
vielleicht (5)   perhaps
vielseitig (13)   versatile
die **Vielseitigkeit** (13)   versatility
das **Volk, ̈-er** (4)   people
die **Volkswirtschaft** (15)   (national)
   economy
voll (10)   full
völlig (18)   complete, total
von (+ *dat.*)   from; by; of
von vornherein (9)   from the
   beginning
vor (+ *dat./acc.*)   in front of; before,
   ago
voran·gehen, ging, ist vorangegangen
   (5)   to take place
die **Voraussage, -n** (7)   prediction
voraus·setzen (8)   to assume
vorbei·gehen, ging, ist vorbeigegangen
   (11)   to pass
die **Vorbereitung, -en** (9)   preparation

vorhanden (7)   available
vor·kommen, kam, ist vorgekommen
   (17)   to occur
vor·legen (9)   to put to, submit
der **Vorort, -e** (14)   suburb
(sich) vor·stellen (+ *acc.*) (2)   to
   introduce; **sich·vorstellen** (+ *dat.*)
   (2)   to imagine
der **Vortrag, ̈-e** (13)   lecture, speech
das **Vorurteil, -e** (7)   prejudice
der **Vorzug, ̈-e** (9)   virtue; merit;
   advantage

wachsen, wächst, wuchs, ist
   gewachsen (6)   to grow
der **Wagen, -** (14)   car
die **Wahl, -en** (4)   choice; election
während (+ *gen.*)   during
wahrscheinlich (7)   probably
der **Walzer, -** (6)   waltz
der **Wandel** (9)   change
wanken (8)   to falter; to stagger
wann   when
die **Ware, -n** (5)   merchandise
die **Wärme** (10)   heat; warmth
der **Wärmeverlust, -e** (10)   loss of heat
der **Warmwasserhahn, ̈-e** (10)
   warm-water faucet
warten (8)   to wait
die **Wartung** (10)   service
warum   why
was   what
die **Waschmaschine,   -n**   (10)   washing
   machine
das **Wäschetrocknen**   (10)   drying   of
   laundry
das **Wasser, -** (6)   water
der **Wasserhahn, ̈-e** (10)   water faucet
der **Weg, -e** (3)   way; path
weg·bleiben, blieb, ist weggeblieben
   (2)   to stay away
wegen (+ *gen.*)   because of
der **Wein, -e** (4)   wine
die **Weise, -n** (7)   manner; form
weiß (2)   white
weit (2)   far
weiter (4)   further
welcher   which
die **Welt, -en** (1)   world
der **Weltkrieg, -e** (6)   world war
weltwirtschaftlich (7)   economically
   worldwide
sich wenden an, wandte, gewandt
   (16)   to turn to
wenig (5)   little; few
wenige (a)   few
wenigstens (2)   at least
wer   who
werden, wird, wurde, ist geworden
   (3)   to become

der **Wert, -e** (15)　value
　wesentlich (12)　essential; significant
der **Westen** (3)　west
der **Western, -** (18)　western (movie)
　westlich (5)　western
das **Wetter** (13)　wheather
der **Whiskey** (8)　whiskey
　wichtig (1)　important
　widerstehen, widerstand,
　　widerstanden (15)　to resist
　wie　like; as; how
　wieder (2)　again
die **Wiedergeburt** (17)　rebirth
　wiederher·stellen, stellt wieder her,
　　wiederhergestellt (6)　to reconstruct
　wiederum (8)　again
　wieviel　how much; **wieviele** how
　　many
der **Winter, -** (6)　winter
　wirken (5)　to appear
　wirklich (2)　real, genuine
die **Wirklichkeit, -en** (5)　reality
　wirksam (15)　effective
　wirkungsvoll (12)　effective
die **Wirtschaft, -en** (7)　economy
　wirtschaftlich (1)　economical
der **Wirtschaftszweig, -e** (7)　branch of
　　economy
　wissen, weiß, wußte, gewußt (8)　to
　　know
die **Wissenschaft, -en** (15)　science
der **Wissenschaftler, -** (13)　scientist
die **Witwe, -n** (11)　widow
　wo　where
die **Woche, -n** (4)　week
das **Wochenende, -n** (14)　weekend
　woher　where from
　wohin　where to
　wohl (17)　probably
　wohnen (11)　to reside, live
die **Wohnung, -en** (14)　residence
das **Wohnzimmer, -** (14)　living room
　wollen, will, wollte, gewollt (6)　to
　　want to
das **Wort, ̈er** (6)　word
　sich wundern (15)　to be surprised, be
　　astonished
der **Wunsch, ̈e** (8)　wish
　wünschen (3)　to wish
　würdig (17)　worthy, deserving;
　　dignified
die **Wurst, ̈e** (4)　sausage; cold cuts
das **Würstchen, -** (2)　sausage

die **Zahl, -en** (7)　number
　zahlen (3)　to pay

　zählen (12)　to count
　zahllos (16)　innumerable
　zahlreich (13)　numerous
　zeigen (9)　to show
die **Zeile, -n** (11)　line
die **Zeit, -en** (3)　time
　zeitsparend (14)　time saving
der **Zeitpunkt, -e** (8)　point in time
die **Zeitung, -en** (3)　newspaper
　ziehen, zog, gezogen (18)　to pull
das **Ziel, -e** (6)　goal, destination
das **Zimmer, -** (10)　room
der **Zirkel, -** (13)　interest group
der **Zoo, -s** (13)　zoo
　zu (+ *dat.*)　too; to
der **Zufall, ̈e** (11)　coincidence, chance
der **Zug, ̈e** (9)　train
　zugleich (9)　at the same time
　zukommen·lassen, läßt, ließ, gelassen
　　(8)　to furnish
die **Zukunft** (5)　future
　zuletzt (14)　at last
die **Zunahme, -n** (15)　increase
　zurück·führen (8)　to attribute
　zurück·geben, gibt, gab,
　　zurückgegeben (11)　to give back
　zurück·gehen, ging, ist zurückgegangen
　　(6)　to date back; go back
　zurück·kehren (ist) (4)　to return
　zurück·kommen, kam, ist
　　zurückgekommen (18)　to come
　　back
　zurück·lassen, läßt, ließ,
　　zurückgelassen (6)　to leave behind
die **Zusammenarbeit** (12)　collaboration
　zusammen·arbeiten (13)　to
　　collaborate
　zusammen·brechen, bricht, brach, ist
　　zusammengebrochen (6)　to col-
　　lapse
　zusammen·hängen mit, hing,
　　zusammengehangen (5)　to be
　　caused by; to be connected
der **Zusammenhang, ̈e** (16)　connection
der **Zuschauer, -** (2)　spectator
　zu·schreiben, schrieb, zugeschrieben
　　(15)　to attribute
　zu·teilen (12)　to allocate
　zuviel (10)　too much
　zu·weisen, wies, zugewiesen (12)　to
　　allot to, assign to
　zwar (7)　though
　zweifellos (5)　without doubt
　zweimal (2)　twice
　zwingen, zwang, gezwungen (15)　to
　　compel
　zwischen (+ *dat. /acc.*)　between

Photo credits